MANUEL

DES

Inventeurs et des Brevetés,

PAR

ANTOINE PERPIGNA,

Ancien Avocat à la **Cour Royale de Paris**.

———❦———

TROISIÈME ÉDITION

Entièrement refondue, mise en harmonie avec la loi du 25 mars 1838, et augmentée de la législation industrielle des pays étrangers, du texte des lois françaises et d'un résumé de la jurisprudence en matière de brevets.

———❦———

A PARIS,

CHEZ L'AUTEUR,

A SON CABINET DE JURISPRUDENCE INDUSTRIELLE,

N° 2 *ter*, RUE DE CHOISEUL;

Et chez les principaux Libraires.

———

FÉVRIER 1839.

MANUEL

DES

INVENTEURS ET DES BREVETÉS.

TROISIÈME EDITION,

ENTIÈREMENT REFONDUE

ET CONSIDÉRABLEMENT AUGMENTÉE.

OUVRAGES DU MÊME AUTEUR.

MANUEL

DES

INVENTEURS ET DES BREVETÉS,

PAR

ANTOINE PERPIGNA,

Ancien Avocat à la Cour Royale de Paris.

TROISIÈME ÉDITION

Entièrement refondue, mise en harmonie avec la loi du 25 mars 1838,
et augmentée de la législation industrielle des pays étrangers, du
texte des lois françaises et d'un résumé de la jurisprudence en
matière de brevets.

A PARIS,

CHEZ L'AUTEUR,

A SON CABINET DE JURISPRUDENCE INDUSTRIELLE,

Nº 2 *ter*, RUE DE CHOISEUL;

Et chez les principaux Libraires.

FÉVRIER 1839.

PRÉFACE

DE LA TROISIÈME ÉDITION.

L'élan prodigieux imprimé depuis quelques années à toutes les industries avait rendu plus sensible l'absence d'un guide sûr pour diriger les inventeurs dans la prise de leurs brevets, et préserver les brevetés de la déchéance, en leur signalant les écueils qu'ils doivent éviter.

C'était le désir de satisfaire à un besoin aussi vivement senti et de remplir une lacune dont tous les industriels s'étaient plaints, qui avait déterminé, en 1834, la publication de cet ouvrage.

Mettre à la portée de tous une matière qui n'est que très-peu connue, éclairer les industriels et les brevetés sur leurs droits et sur leurs intérêts, leur fournir les moyens de résoudre eux-mêmes la plupart des questions relatives aux brevets, d'obtenir justice des contrefacteurs et de repousser des poursuites vexatoires ; tel est le but vers lequel l'auteur a marché et qu'il s'est efforcé d'atteindre.

L'accueil très-flatteur que les industriels ont fait à ce *Manuel*, dont la seconde édition, publiée en juillet

1837, est épuisée depuis plusieurs mois, a déterminé l'auteur à en donner une troisième édition.

Les changements introduits dans la législation industrielle par la loi du 25 mai 1838, qui attribue la connaissance des actions en contrefaçon au tribunal de police correctionnelle, ont nécessité de grandes modifications dans l'économie de cet ouvrage.

L'auteur, en revoyant son travail avec le plus grand soin, a profité de cette circonstance pour se livrer à l'examen de questions entièrement neuves et très-délicates sur la législation des brevets.

Plusieurs personnes ont regretté de ne pas trouver dans les deux premières éditions du *Manuel des brevetés*, d'abord le texte législatif, et ensuite un résumé de la jurisprudence en matière de brevets.

Elles ont signalé cette lacune en manifestant l'opinion qu'avec ces additions le *Manuel des brevetés* pourrait être utile non-seulement aux industriels pour lesquels il a été écrit, mais encore à ceux qui par état sont appelés à expliquer la loi et à en faire l'application.

L'auteur s'est empressé d'accéder à un désir si flatteur pour lui ; il a, en conséquence, reproduit le texte des lois, dont chaque article porte un chiffre renvoyant aux pages du livre où le dit article est développé.

Quant à la jurisprudence industrielle, il en a fait un chapitre séparé, qui contient les décisions lesplus notables des cours royales et de la cour de cassation, sur cette matière.

Comme le mouvement imprimé à l'industrie, en France, s'est aussi fait sentir dans les pays étrangers les plus avancés en civilisation, et qu'un grand nombre d'inventeurs français ont souvent désiré connaître les droits et les garanties que leur offrent les législations étrangères, l'auteur, dans une seconde partie de son *Manuel*, a donné un traité des diverses législations en matière de brevets (1).

Enfin, il n'a rien épargné dans cette nouvelle édition pour justifier la faveur dont les deux premières ont été honorées.

Février 1839.

---

(1) Le travail sur les législations étrangères en matière de priviléges industriels, ouvrage entièrement neuf, fruit de longues études et d'une pratique de dix-huit années, a paru en juillet 1837. En avril 1838, M. Varlet, de Bruxelles, a publié un recueil, dans lequel il a copié textuellement, sans en indiquer la source, les *législations anglaise, américaine* et *romaine*, environ trente pages. L'auteur du *Manuel des inventeurs et des brevetés* se doit à lui-même de signaler ces faits et ces dates, pour qu'on ne vienne pas l'accuser, lui, d'avoir copié M. Varlet.

JURISPRUDENCE INDUSTRIELLE.

CABINET SPÉCIAL

Créé par l'auteur en 1820, récemment transféré rue de Choiseul, n° 2 *ter*, et ayant pour objet la prise des brevets et la solution de toutes les questions y relatives.

Les brevets obtenus par l'auteur, et qui se comptent par centaines, et dont plusieurs se sont vendus pour des sommes considérables, témoignent assez de son aptitude et de ses succès.

La grande habitude qu'il a de ce genre de travail, auquel il s'est exclusivement consacré depuis un grand nombre d'années, le met à même de procurer des brevets avec promptitude et économie.

Il continue à se charger de la rédaction ou de la traduction de toutes descriptions, de la confection de tous dessins, et de l'obtention de brevets dans le plus court délai possible.

Il se charge pareillement de la direction des poursuites pour contrefaçons d'inventions brevetées, comme aussi de celle de la défense à opposer à des poursuites non fondées.

PATENTES EN ANGLETERRE, ÉCOSSE, IRLANDE.

L'auteur, à l'aide de correspondants sûrs et d'une haute capacité, procure dans ces pays des *caveat* et des *patentes*, et se charge de la vente des patentes qu'il a obtenues ; il procure pareillement des brevets

EN BELGIQUE, HOLLANDE, AUTRICHE, DANEMARCK, etc.

N. B. Dans aucun cas, les parties ne sont obligées de se déplacer, et le sort du brevet français n'est jamais compromis.

L'auteur, qui parle plusieurs langues, donne tous les jours, de neuf heures à midi, des consultations, de vive voix et par écrit, sur toutes les questions relatives à la législation industrielle de la France et des pays étrangers, et sur toutes les autres questions de droit.

MANUEL
DES INVENTEURS
ET DES BREVETÉS.

INTRODUCTION.

Si la France, enchaînée par les édits et entravée par les corporations, n'eût pas en 1789 brisé le joug honteux qu'un aveugle arbitraire avait fait peser sur elle depuis tant de siècles, l'industrie française, découragée dans ses essais, comprimée dans son essor et réduite à une dégradante routine, n'aurait jamais pu s'élever à ces hautes conceptions, qui de nos jours lui font soutenir avec honneur la redoutable concurrence de l'Angleterre et de l'Amérique du nord.

Placés sous la surveillance rigoureuse d'hommes qui, ayant acheté leurs charges, les exploitaient comme un patrimoine et s'attachaient à en augmenter les revenus avec une rapacité que rien ne contrôlait, les fabricants français étaient contraints de se renfermer dans le cercle étroit qu'on leur avait tracé, et ne pouvaient hasarder le moindre perfectionnement sans enfreindre les règlements établis, et sans exposer leurs marchandises à être détruites, brisées ou confisquées.

Des règlements officiels, qui réduisaient l'homme à l'état de machine, imposaient à tous les ouvriers une seule manière de travailler, et proscrivaient sous les plus sévères châtiments aucune déviation du système adopté; et ce qu'on aurait de la peine à concevoir de nos jours, ce qui est le comble de l'absurdité, c'est que les rédacteurs de ces édits avaient la présomption de croire qu'ils savaient nuancer, assortir et préparer la laine, la soie et le coton, doubler les fils, les retordre, qu'ils pouvaient, dans ces diverses opérations, diriger les ouvriers qui en faisaient leur métier, et qui par leur talent seul pouvaient faire vivre et élever leurs familles.

Une tyrannie aveugle avait présidé à la rédaction de ces absurdes règlements, la violence en assurait l'exécution ; sous les moindres prétextes et même sans prétextes, le domicile des manufacturiers était violé, leurs ateliers envahis et bouleversés, les ouvriers maltraités et chassés, les travaux interrompus ; les procédés secrets, qui dans tous les genres de fabrication font la fortune de ceux qui les exploitent seuls, étaient connus et divulgués, ou devenaient le prix de la dénonciation d'un concurrent jaloux.

A cette source féconde de vexations et d'entraves il faut encore ajouter les prétentions des communautés, des confréries, des corporations, qui, comme un vaste réseau, s'étendaient sur la France entière.

Malheureusement, il n'existait pas à cette époque en France, comme en Angleterre, de ville libre, où les inventeurs ou perfecteurs pouvaient trouver un refuge contre la tyrannie des corporations.

Il n'était permis d'exercer que les professions clairement décrites dans les règlements officiels, et toutes
les professions décrites étaient comprises dans les priviléges de quelques corporations.

Si un homme créait un genre d'industrie entièrement nouveau, comme il ne pouvait l'exploiter sans
se servir des outils appartenant à différentes professions, il était obligé de se faire préalablement affilier
à toutes les communautés et corporations dont ressor-
tissaient ces professions. Ces affiliations se faisaient
toujours moyennant une finance plus ou moins considérable ; elles ne s'accordaient qu'aux Français, et
étaient refusées aux étrangers.

Des institutions aussi arbitraires empêchaient l'indi-
gent de vivre de son travail, paralysaient l'émulation
et l'industrie, condamnaient à l'inactivité les hommes
de talent que leur défaut de fortune excluait de certaines communautés, privaient l'état et les manufactures
des lumières et de l'expérience que l'étranger aurait
pu y apporter, et, en s'opposant à tout progrès, main-
tenaient les arts dans un état complètement station-
naire. Les maîtrises et les jurandes, en possession du
monopole et jalouses de le conserver, excluaient de
leur sein les industriels dont le génie inventif leur faisait craindre une concurrence dangereuse.

Comment l'esprit d'amélioration aurait-il pu se développer et prendre de l'essor dans un pays où toute
innovation était poursuivie et punie comme un crime,
où l'avarice et la routine, juges et parties dans leurs
propres causes, condamnaient sans pitié comme sans
pudeur toutes les inventions nouvelles ?

Heureux les inventeurs qui, par faveur spéciale, obtenaient du roi des lettres patentes à l'aide desquelles ils étaient autorisés à mettre en pratique leurs propres découvertes !

Mais c'était le plus petit nombre. Il arrivait fréquemment qu'on défendait aux inventeurs de réaliser l'exécution des idées qu'ils avaient conçues, c'était lorsque leur demande de lettres patentes n'était pas assez puissamment appuyée auprès des autorités, ou quand leur peu de fortune ne leur permettait pas d'acheter la faveur des commis, ou bien lorsque leur requête soulevait l'opposition des corporations puissantes qui exerçaient une industrie analogue.

Partout le régime des règlements, des restrictions, des priviléges étouffait et dévorait l'industrie. Les prétentions excessives des corporations poursuivaient et tourmentaient tous les inventeurs ; c'était une chaîne pesante qui accablait l'industrie, gênait son allure et contrariait tous ses mouvements.

Les seigneurs de la cour se faisaient inféoder leurs charges et leurs offices, et s'attribuaient une juridiction sur les marchands et artisans dont les professions avaient quelque analogie avec ces offices et ces charges. Les contends de juridiction s'élevaient de toutes parts. Le trafic des maîtrises dégénérait en ressources financières ; on ne voyait de tout côté qu'abus, que tyrannie et qu'oppressions.

L'esprit d'amélioration, enfant de la liberté, ne peut vivre dans l'atmosphère oppressive des règlements ; soumis à leur influence funeste, il s'étiole et s'éteint comme une plante privée d'air et de lumière. Comment dès-lors le génie inventif aurait-il pu croître et se développer en France où un despotisme odieux avait tout mis en œuvre pour l'étouffer à sa naissance et le dessécher dans son germe?

D'un autre côté, les nations voisines, profitant des fautes du gouvernement français et de la guerre à mort qu'il déclarait aux arts industriels, appelaient à elles, par l'appât de la liberté dans le travail et par l'attrait d'un gain assuré, tous les artistes qui avaient fait faire des progrès aux arts et manufactures.

Les inventeurs français poursuivis, condamnés, proscrits par les maîtrises et les jurandes, abandonnaient une terre ingrate qui ne leur offrait qu'injustices et que persécutions, et couraient enrichir l'étranger du fruit de leurs veilles et de leur expérience.

C'est ainsi que l'art d'emboutir et de vernir la tôle, découvert en 1761 par un Français, fut transporté par lui à l'étranger, parce qu'il n'était pas assez riche pour payer les droits d'admission dans les différentes corporations de métiers ayant quelque rapport avec la nouvelle industrie qu'il venait de créer. Cette invention, qui prospéra à l'étranger, ne fut rendue à la France qu'en 1793.

Le métier à fabriquer les bas, inventé à Nîmes, fut transporté en Angleterre, où il fut acheté par le gouvernement.

Lenoir, qui porta à un si haut degré de perfection l'art de fabriquer les instruments de physique et de mathématiques, eut besoin d'un petit fourneau pour préparer les métaux qu'il employait dans la confection de ses instruments. Il en fit construire un dans sa maison, mais comme il n'était pas reçu fondeur, les syndics de cette corporation vinrent eux-mêmes le démolir, et après plusieurs essais infructueux pour le rétablir, il ne fut délivré de leurs persécutions que par une autorisation du roi qui lui fut accordée par faveur spéciale.

Quand Argant eut inventé ses lampes à double courant d'air, il lui fallut soutenir des procès contre la communauté des ferblantiers, serruriers et forgerons, qui s'opposèrent à l'enregistrement du privilége à lui accordé par le roi, sous le prétexte que les statuts attribuaient aux membres de cette communauté le droit exclusif de fabriquer des lampes, et qu'Argant n'en avait pas été reçu membre.

Le balancier à frapper la monnaie et les médailles fut inventé par Nicolas Briot en 1615 ; mais ne pouvant le faire adopter en France, il le transporta en Angleterre, où on l'accueillit avec empressement.

Je pourrais ici accumuler les exemples, ils se présentent en foule, mais ceux que j'ai cités suffiront pour mettre au grand jour les effets funestes d'un pareil système et la fatalité qui poussait la France à bannir de son sein ses enfants les plus industrieux, et à doter l'étranger de leurs inventions les plus belles et les plus utiles.

Ce qui rendait la tyrannie des corporations plus odieuse, c'est que dans l'origine leurs priviléges étaient accordés à perpétuité.

Un long despotisme, en façonnant au joug le peuple français, lui avait fait perdre jusqu'au souvenir de ses droits. Les philosophes les lui rappelèrent.

Les principes de saine raison et d'éternelle justice,

développés dans leurs écrits, furent accueillis avec enthousiasme par tous les Français. Ils comprirent aisément que le travail, que l'on avait représenté comme étant de droit royal, était essentiellement de droit naturel; que parmi les membres d'une même nation, quelques-uns ne pouvaient pas être des tyrans, pendant que tous les autres n'étaient que des esclaves; qu'enfin, la justice et la raison voulaient que toutes les industries et toutes les professions fussent affranchies des monopoles qui en faisaient le patrimoine d'un petit nombre.

Un cri pour l'émancipation de l'industrie, poussé d'abord par les philosophes, trouva de l'écho dans tous les rangs du peuple, et une concession à l'opinion publique devenait de jour en jour d'une nécessité plus impérieuse.

Cette fermentation des esprits réveilla un instant Louis XV de sa voluptueuse léthargie. Il rendit en 1762 une déclaration qui réduisait tous les priviléges à quinze ans. C'était déjà une amélioration, mais le mal n'en subsistait pas moins, et un aussi faible palliatif était loin de répondre encore aux besoins de l'époque. Cependant Louis XV, fatigué d'un moment d'effort et d'énergie, se rendormit bientôt au sein des plaisirs, laissant à son successeur l'honneur et le danger d'opérer de plus grandes réformes.

On s'attendait généralement que le règne de Louis XVI serait signalé par de notables améliorations; cette attente ne fut pas trompée : l'édit mémorable de 1776, rendu par ce prince, supprima tous les priviléges et toutes les corporations, et ouvrit à l'industrie une vaste carrière en offrant un puissant encouragement à l'esprit d'amélioration. Mais la suppression des priviléges froissait des intérêts privés, et comme sous les règnes précédents le gouvernement s'était souvent créé des ressources financières par la vente des charges et priviléges, il était injuste d'en dépouiller les possesseurs sans indemnité préalable. Un pareil manque de foi ne pouvait être justifié ni par les meilleures intentions ni par le désir de briser les fers sous lesquels gémissait l'industrie. Aussi, Turgot succomba-t-il sous la tempête excitée par une mesure conçue dans des vues d'intérêt public, mais à l'exécution de laquelle l'équité n'avait pas présidé ; l'édit fut rapporté et le ministre se retira.

Après cette vaine tentative pour affranchir tous les métiers et toutes les professions, plusieurs autres édits furent rendus pour diminuer la tyrannie des statuts existants ; mais le mal avait jeté des racines trop profondes pour que des mesures aussi faibles pussent l'extirper, il subsista donc plus ou moins jusqu'à ce que l'assemblée constituante, marchant dans la voie de la réforme à pas de géant, renversa en un jour toutes les corporations et tous les priviléges, affranchit toutes les professions, plaçant tous les Français sous le même niveau, leur imposa les mêmes obligations et les appela tous à jouir des mêmes droits.

L'industrie et les arts en France, délivrés du joug oppressif qui avait pesé sur eux pendant tant de siècles, commencèrent une ère nouvelle. Le génie d'invention put se livrer à ses brillantes conceptions, sans craindre désormais les obstacles et les persécutions qu'une politique aveugle et rapace avait constamment opposés à tout perfectionnement; cependant il ne suffisait pas d'ouvrir un vaste champ aux améliorations en tout genre d'industrie , il fallait encore en assurer la propriété à leurs auteurs, il fallait garantir à tout individu résidant en France , soit Français, soit étranger, la jouissance paisible du fruit de son travail et de ses efforts. Cette garantie fut donnée par les lois sur les brevets de 1791. Dès lors, l'artisan se livra à ses travaux avec ardeur et confiance; libre d'entraves, il s'abandonna sans crainte à ses heureuses inspirations , certain de ne plus voir tourner à sa propre ruine les talents dont la nature l'avait doué pour le bonheur de l'humanité , certain de ne pas expier par la persécution, la prison et l'exil, les services rendus à son pays.

Alors l'industrie, grandissant en France en raison de la carrière immense et sans bornes qui s'ouvrait devant elle, inspirée par le génie d'invention , éclairée par une longue expérience , stimulée par une louable émulation et par un sentiment d'honneur national, s'élança dans des voies nouvelles, développa des moyens inconnus, et obtint les plus grands et les plus nobles résultats.

C'est de l'affranchissement de l'industrie que date la législation des brevets. Nous nous empresserons d'en développer les principes, pour réunir dans le plus petit espace possible toutes les notions nécessaires tant aux personnes qui désirent obtenir des brevets, qu'à celles qui les ont obtenus.

CHAPITRE PREMIER.

SECTION PREMIÈRE.

DE LA NATURE DES BREVETS.

Un brevet, considéré en lui-même, et abstraction faite du titre qui le prouve, est un contrat synallagmatique passé entre le peuple français représenté par le gouvernement d'une part, et l'inventeur, perfectionneur ou importateur d'autre part. Par ce contrat, un privilége exclusif pour employer par lui-même dans certains cas, et dans tous les cas manufacturer et vendre l'article inventé, perfectionné ou importé, est accordé au breveté pendant un nombre d'années limité, et sous certaines conditions, parmi lesquelles se trouve la condition expresse de révéler de suite son secret, qui, à l'expiration du terme fixé pour le privilége, doit tomber dans le domaine public.

Il faut donc qu'il y ait échange. Pour prix d'un privilége temporaire, la nation obtient le secret d'inventions qui autrement eussent pu être à jamais perdues pour elle, et de son côté l'inventeur obtient un privilége de cinq, dix, ou quinze ans en révélant son secret, dont on lui garantit la jouissance exclusive jusqu'à l'expiration du terme qu'il a stipulé.

C'est ainsi que l'invention tourne en définitive au profit de la société tout entière ; mais elle profite d'abord à l'inventeur lui-même. Protégé par un monopole temporaire, il n'est plus gêné dans le développement de son invention. Il la produit avec confiance au grand jour. Les observations des savants, les critiques des personnes qui exercent une profession analogue, les exigences du public, devenues d'autant plus grandes que l'inventeur a fait preuve de plus de génie, tout contribue à améliorer l'invention, et à lui donner, dans les mains de l'inventeur, tous les perfectionnements dont elle est susceptible.

La nécessité d'un échange entre l'inventeur et le public est le principe sur lequel pivote toute la législation des brevets, et une stricte application de ce principe donnera la solution des questions les plus importantes de la matière. On doit donc considérer les brevets comme des contrats entre l'inventeur et le public, reposant sur la bonne foi du breveté, qui est tenu de communiquer de suite son invention pour prix de la concession d'un privilége temporaire. Ces contrats doivent être interprêtés comme tous le autres contrats.

Ce serait une erreur de regarder un brevet comme un privilége, comme une atteinte portée à la liberté de tous, comme une entrave imposée à l'industrie. Un brevet ne donne pas des droits à l'invention qu'il protège, il ne fait que les constater, et en termes de droit, il est *déclaratif* et non *attributif* de propriété. Le droit à l'invention existe avant le brevet, c'est celui que toutes les lois accordent sur le trésor à celui qui le découvre. Dans le domaine de la science, qui est ouvert à tout le monde, une découverte appartient à celui qui la fait le premier ; elle lui appartient par droit d'occupation : c'est ce droit que la loi constate par un brevet.

Un brevet, considéré comme l'acte qui confère et prouve le privilége, est un titre délivré par le gouvernement pour assurer à la personne qui l'obtient un privilége exclusif pour fabriquer, vendre ou employer pendant un nombre d'années déterminé, la chose qui fait l'objet du brevet. L'arrêté des consuls, du 27 septembre 1800, a substitué une forme nouvelle à celle qui avait été fixée par les lois de 1791.

Les brevets sont, depuis cette époque, expédiés sur papier et délivrés en deux parties distinctes. La première, appelée *certificat de demande* ou provisoire, est rédigée par le ministre du commerce et signée de lui ; l'original reste en dépôt dans les bureaux du ministère, avec la description fournie par le pétitionnaire et un double des dessins ; une expédition, tant du certificat de demande que de la description, avec un double des dessins, le tout signé par le ministre, est adressée au pétitionnaire et forme la première partie du brevet.

Ce certificat provisoire constate qu'une demande a été faite, que toutes les formalités prescrites par la loi ont été accomplies, et que le certificat est accordé pour établir provisoirement les droits du pétitionnaire, jusqu'à ce qu'ils soient confirmés par une ordonnance royale.

A partir de la date du certificat, l'inventeur commence à jouir des droits de breveté. La durée de son brevet commence à la même époque.

Dans les premiers jours de chaque trimestre (1), c'est-à-dire du 10 au 15 de janvier, avril, juillet et octobre, une ordonnance royale est rendue, sur le rapport du ministre du commerce, et insérée dans le *Bulletin des Lois*. Cette ordonnance confirme les brevets pour lesquels des certificats provisoires ont été accordés dans le précédent trimestre.

Un extrait de l'ordonnance est adressé à chaque breveté ; cet extrait relate ses nom, prénoms, profession et domicile, la nature de son invention, la date du certificat provisoire, avec déclaration faite au nom du roi que la personne qui a obtenu le certificat provisoire est définitivement brevetée.

Les pièces délivrées par l'autorité à chaque demande de brevet sont au nombre de quatre :

1° Le reçu des droits de la préfecture, qui est remis au moment où le dépôt du paquet est effectué, et qui contient la date du procès-verbal et le numéro sous lequel il a été enregistré dans le registre-minute qui reste à la préfecture ;

2° La copie du procès-verbal de dépôt, que l'on peut obtenir huit ou dix jours après qu'il a été dressé ; cette copie énonce la date du dépôt, les nom, prénoms, profession et domicile du pétitionnaire, la nature de l'invention, le nombre d'années pour lequel le privilége

---

(1) C'est ainsi que les choses se passaient autrefois, mais depuis quelques années le nombre des brevetés s'est tellement augmenté, que la publication de l'ordonnance n'a guère lieu que dans le courant du second mois du trimestre, au lieu de paraître dans le commencement du premier mois.

est demandé et la somme qui a été payée pour la taxe, soit la totalité, soit seulement la moitié;

3° Le certificat provisoire avec les dessins, si aucuns ont été joints;

4° L'ordonnance du roi confirmative du certificat de demande.

Avec ces documents, le brevet est complet.

On néglige souvent de demander une copie du procès-verbal de dépôt, que l'on regarde comme une pièce inutile; cependant, comme c'est la seule qui constate l'heure à laquelle le dépôt a été fait, et comme les dépôts sont reçus dans la province tout aussi bien que dans la capitale, s'il s'élevait une contestation sur la priorité de deux inventions, la copie du procès-verbal deviendrait une pièce indispensable pour décider la question; on ferait donc toujours bien de la demander pour être en mesure, soit de défendre son titre dans les cas où il serait attaqué, soit d'attaquer les brevets qui auraient pu avoir été postérieurement demandés pour la même invention.

Si la moitié seulement de la taxe a été payée comptant, et qu'on ait souscrit une obligation à six mois d'échéance pour le reste, quand le paiement complémentaire est fait, l'obligation souscrite par le breveté est rendue, acquittée par le receveur général en province et le receveur central à Paris. Les brevetés doivent avoir soin de demander la représentation de l'obligation acquittée, aux intermédiaires qu'ils peuvent avoir employés, comme une garantie que le paiement a été effectué, et surtout pour éviter d'encourir la déchéance de leurs brevets, dans le cas où le paiement de la seconde portion de la taxe n'aurait pas été effectué à l'échéance. D'ailleurs, dans le cas où le breveté voudrait poursuivre un contrefacteur, il pourrait être tenu, avant faire droit, de justifier que la seconde moitié de la taxe a été réellement payée à l'échéance, et la représentation du reçu officiel est la seule pièce qui puisse constater le paiement.

Trois ou quatre mois après qu'une demande pour un brevet a été régulièrement formée, le titre est accordé, pourvu qu'il ne s'élève pas d'obstacles à son expédition (1).

SECTION II.

DES DIFFÉRENTES ESPÈCES DE BREVETS.

La loi reconnaît trois espèces de brevets différents :
1° Brevets d'invention ;
2° Brevets de perfectionnement;
3° Brevets d'importation.
Ces trois espèces de brevets peuvent être combinées de manière à en former quatre de plus, savoir :

(1) Les obstacles peuvent résulter ou d'un défaut d'accomplissement des formalités prescrites par les lois ou les règlements, ou d'une violation de ces mêmes lois, en demandant des brevets pour des inventions qui ne peuvent pas être brevetées, ou en demandant un brevet pour un terme et en payant la taxe fixée pour un autre, ou en ne fournissant pas de description, ou en comprenant plusieurs inventions dans une seule demande. Dans tous ces cas, sur l'avis du comité consultatif, le ministre peut refuser le brevet, soit positivement, soit jusqu'à ce que les formalités prescrites aient été remplies.

4° Brevets d'invention et de perfectionnement;

5° Brevets d'invention et d'importation;

6° Brevets d'invention, de perfectionnement et d'importation ;

7° Brevets d'importation et de perfectionnement.

Les formalités prescrites pour l'obtention de ces divers brevets sont exactement les mêmes, la seule différence est dans la déclaration faite par le demandeur, laquelle doit être conforme au genre de brevet qu'il désire obtenir.

SECTION III.

INVENTIONS.

Les inventions ne peuvent jamais être appréciées par leurs causes, mais seulement par leurs résultats. La plus simple découverte a souvent produit les plus étonnantes révolutions dans les idées et dans le sort du genre humain. Les exemples suivants prouveront la vérité de cette assertion.

Les peuplades septentrionales ont, dans des temps reculés, subjugué constamment les peuples méridionaux.

Les premières, toujours robustes et actives par leur nature, étaient encore endurcies par la rigueur de leur climat et par les rudes travaux au prix desquels un sol ingrat leur vendait de grossiers aliments.

Dans le midi, au contraire, où la fertilité du sol est

sans bornes, où les fruits naissent sans être sollicités par la main de l'homme, où la température plus douce dispose au repos, les peuples se livrèrent à la culture des arts et s'amollirent au milieu de toutes les jouissances de la vie.

En raison de leur faiblesse relative et de leur amour de la paix, les peuples du sud semblaient devoir être pour toujours la proie des peuples du nord.

Un homme parut, et la force athlétique des hordes hyperborées s'anéantit devant son génie. Cet homme avait inventé la poudre à canon.

Un autre homme inventa un verre d'optique. Cette découverte est bien simple en elle-même, mais qu'elle est vaste dans ses résultats ! Pour l'homme, il n'est déjà plus de distances ; l'astronomie voit s'ouvrir devant elle une carrière nouvelle et sans bornes ; l'harmonie des mondes innombrables, les lois qui règlent la marche des corps célestes, tout est connu, apprécié, et ces immenses résultats sont dus à la découverte d'un verre grossissant.

L'homme qui découvrit les propriétés de l'aiguille magnétique pouvait-il s'imaginer que son invention guiderait Christophe Colomb à la découverte d'un monde nouveau ?

Celui qui inventa la manière de mesurer le temps au moyen d'une combinaison de roues, de pignons et de poids agissant l'un sur l'autre, ouvrit la voie à l'importante découverte de la longitude en mer au moyen de chronomètres ou de montres marines.

Quelle reconnaissance ne doit-on pas à celui qui découvrit, qui fit connaître la propriété expansive de la vapeur! C'était, dira-t-on, une invention théorique non susceptible d'être brevetée. C'est vrai; mais que d'applications ingénieuses n'en a-t-on pas faites! Dans les manufactures, la vapeur rivalise de puissance avec l'homme; sur les routes, pour le transport des marchandises et des voyageurs, elle rivalise avec les bêtes de trait; sur les mers, elle rivalise avec la force du vent, avec les efforts des vagues. Partout elle lutte avec succès, partout elle finit par remporter la victoire.

La puissance de la vapeur s'est révélée par des prodiges depuis quelques années; elle a mis Liverpool aux portes de Manchester; elle a lié Londres à Birmingham, à Manchester et à Liverpool. Mais son plus beau triomphe, c'est d'avoir réduit des deux tiers l'espace qui sépare l'Amérique de l'Europe. Grâce aux perfectionnements apportés aux machines à vapeur, le nouveau continent n'est plus qu'à quatorze jours de distance de l'ancien monde. Deux fois en un mois l'Atlantique est franchie par le même navire, et il faut aujourd'hui moins de temps pour écrire à New-York et en recevoir une réponse, qu'il n'en fallait il y a soixante ans pour aller de Paris à Marseille et en revenir. C'est par des inventions successives que le génie de l'homme a réalisé de pareilles conquêtes qui contribuent au bien-être de tous en supprimant les distances et en multipliant les relations commerciales.

On doit conclure de ce qui précède que l'invention dans les arts est la mère commune de toutes les fabrications; que seule elle peut maintenir une nation au premier rang de l'industrie, la faire lutter avec avantage contre les efforts de la concurrence et les résultats de l'émulation des nations rivales ; que par conséquent il est dans l'intérêt de la société de tout faire pour la protéger et en assurer le succès.

En effet, l'invention est le feu sacré qui anime la matière ; elle donne de la valeur à ce qui n'en avait pas, du mouvement et de la vie à ce qui était inactif et mort. Les inventeurs sont la tête et l'âme d'une nation ; c'est à eux qu'elle doit sa force, sa richesse et sa puissance ; c'est par eux qu'elle impose des tributs aux nations voisines.

Voyez l'Angleterre : Dieu ne lui a donné que vingt millions d'habitants avec du fer et de la houille en abondance. Watt perfectionne la machine à vapeur, dont personne ne soupçonnait la puissance, et par une invention considérée aujourd'hui comme très-simple, mais qu'un homme de génie pouvait seul concevoir, il dote son pays de dix millions de travailleurs.

Les lois qui protègent les inventions sont les plus sacrées de toutes. Une invention appartient à son auteur à plus juste titre que vous ne possédez la forêt ou le pré que vous avez reçu de vos pères : car vous n'avez pas fait votre forêt ni vos près, sans vous ils existeraient encore. S'ils ne vous appartenaient pas, ils seraient la propriété d'un autre, et n'en contribueraient pas moins par leurs produits au bien-être social. Mais sans l'inventeur, plus de découverte, car c'est lui qui l'a faite, qui l'a créée ; avec la découverte disparaissent tous les avantages qui pouvaient en résulter pour le bonheur du monde.

Comme les principes les plus simples sont souvent

les plus fertiles dans leurs conséquences, et les plus riches dans leurs résultats, la loi accueille avec la même faveur toutes les inventions nouvelles qui sont susceptibles d'être brevetées. Nous verrons, section V, § 1er de ce chapitre et dans le chapitre II, quelles espèces d'inventions peuvent devenir l'objet de brevets.

SECTION IV.

DES INVENTEURS.

Les inventeurs peuvent être divisés en trois classes distinctes. Au premier rang se placent les hommes de génie dont la vaste imagination peut concevoir dans leur ensemble, embrasser dans leurs détails, et amener à fin des inventions importantes ; réaliser l'exécution de machines complètement nouvelles, ou apporter de notables changements à des machines connues ; organiser des systèmes de fabrication nouveaux et compliqués, et déterminer l'adoption de procédés non encore employés. Ces hommes sont en petit nombre.

Au second rang viennent ceux qui n'ont pas une imagination assez vaste et un esprit assez sûr pour créer des systèmes nouveaux ou des changements notables dans les machines existantes, ni pour organiser les moyens de les exécuter, mais qui, néanmoins, sont capables de faire des améliorations réelles dans les systèmes et les machines connues, ou d'y faire des changements partiels. Cette classe est immense.

La troisième classe est composée de gens de peu d'imagination, qui par conséquent ne sont pas susceptibles d'une vaste pensée, mais qui sont doués d'une certaine habileté dont ils font une heureuse application aux choses qui frappent leurs observations, et qui de plus possèdent un tact assez sûr pour exécuter correctement tout ce qu'ils conçoivent.

Leur talent consiste à perfectionner les détails, à donner le fini aux parties détachées des vastes machines conçues par des esprits supérieurs, à corriger les imperfections et à combler les lacunes qui se rencontrent fréquemment dans les plus hautes conceptions. Heureusement cette classe est immense, elle fourmille parmi les mécaniciens, depuis l'ingénieur jusqu'au simple ouvrier. Ces hommes ne sont jamais à court d'expédients pour surmonter les difficultés pratiques qu'ils rencontrent dans le cours de leurs travaux, et l'activité de leur esprit, stimulée par les obstacles, leur inspire continuellement de petites inventions dont ils ont un besoin immédiat pour l'exécution de leurs ouvrages. Quoique les individus composant les deux dernières classes ci-dessus soient inventeurs des mécanismes qu'ils substituent à ceux antérieurement employés, néanmoins, comme le titre d'inventeur ne s'applique proprement qu'à ceux qui créent une chose entièrement nouvelle et inconnue, la loi ne donne qu'aux individus de la première classe le titre d'inventeurs, elle ne considère les autres que comme auteurs de perfectionnements.

SECTION V.

BREVETS D'INVENTION.

—

Les brevets d'invention sont accordés aux inventeurs qui les sollicitent. Ils doivent déclarer qu'ils ont inventé ou découvert l'objet pour lequel ils demandent un brevet. Le gouvernement ne s'informe pas si l'invention est nouvelle ou si la déclaration est vraie. C'est pourtant sur ces deux points que repose la validité du titre, en cas de procès. On ne prête aucun serment pour confirmer la déclaration. La présence de la personne pour qui le brevet est demandé n'est pas même nécessaire, mais la déclaration doit être faite en son nom.

§ 1er.

INVENTIONS OU PERFECTIONNEMENTS POUVANT SERVIR DE BASE A UN BREVET.

Une combinaison de vieilles machines pour produire un résultat nouveau et utile est une découverte qui peut devenir l'objet d'un brevet.

Il n'est pas nécessaire que la méthode, le procédé ou l'appareil soit entièrement nouveau et inconnu, ni qu'il n'ait reçu aucune application quelconque, il suffit qu'il n'ait jamais été employé de la manière décrite dans la spécification : ainsi, une application nouvelle d'un procédé connu et tombé dans le domaine public, est considérée comme une invention susceptible d'être brevetée. Mais, dans tous les cas où le brevet n'est pas pris pour un procédé nouveau, mais seulement pour une application nouvelle de procédés connus, toute autre personne peut appliquer les mêmes procédés d'une manière différente, et faire breveter à son profit cette application, si elle est nouvelle et inconnue.

Dans toutes les inventions mécaniques il y a des parties qui sont dans le domaine public, et qu'aucun brevet ne peut s'attribuer exclusivement. Ce sont des éléments primitifs nécessaires à l'exécution de toute machine. Dans ce cas, tout le mérite réside dans la nouveauté de l'application de moyens connus. Si donc l'application est nouvelle, si la combinaison n'est pas connue, si elle présente un caractère neuf, et qu'elle produise un effet utile non encore obtenu, elle forme une découverte susceptible d'être brevetée d'invention.

Comme, en fait de machines, il est très-difficile de produire quelque chose d'entièrement nouveau et qui n'ait aucune analogie avec ce qui a déjà été fait, on demande rarement des brevets pour invention seulement, la plupart des inventions supposées n'étant, à vrai dire, que des perfectionnements. Ce n'est pas étonnant, puisque depuis plus de quarante-huit ans que les lois sur les brevets existent en France, les brevets se sont élevés à plus de dix mille, sans parler du grand nombre d'inventions pour lesquelles on n'a pas pris de brevets. De plus, il se passe rarement un mois sans que deux ou trois brevets d'invention ou de perfectionnement soient demandés pour des objets analogues qui ne se distinguent l'un de l'autre que par une légère différence dans les moyens employés. Le mérite de ces différences est apprécié en raison des résultats obtenus.

SECTION VI.

DES PERFECTIONNEMENTS.

L'expérience a prouvé que les inventions, même les plus utiles et les plus brillantes, celles qui font la gloire et la fortune de leurs auteurs, avaient presque toujours besoin d'être complétées par une foule de petites améliorations que l'usage seul peut amener, et qu'il n'indique que successivement. Ce sont ces améliorations que l'on nomme perfectionnements.

Un perfectionnement est donc une plus grande valeur, puissance ou facilité d'exécution donnée à une chose qui est ou brevetée ou dans le domaine public, par la modification, diminution ou nouvelle combinaison de ses parties.

Un perfectionnement est une nouvelle idée qui semble avoir échappé à l'inventeur originaire, et par l'application de laquelle on obtient, soit une économie dans la fabrication, soit plus d'effet avec moins d'efforts, soit des produits meilleurs.

Une chose peut être parfaite en son genre par suite d'un heureux choix de la matière employée, par la forme, l'élégance et les belles proportions de ses dif-

férentes parties, mais il n'y a là aucun perfectionnement. Une bonne machine où il n'y a aucun effet nouveau n'est pas, en raison de sa bonne construction,
susceptible d'être brevetée : un perfectionnement
consiste souvent en des détails qui ont bien peu d'importance apparente, mais qui procurent en réalité une
amélioration notable dans les produits.

La grande subdivision des arts mécaniques qui ca-
ractérise le siècle présent, et la grande production,
dans toutes les branches d'industrie, sont cause que
de légères différences dans les moyens employés présentent des différences immenses dans les résultats
obtenus. De là, le mérite et la valeur de ces différences
légères qui doivent être appréciées par leurs résultats.

Perfectionner une fabrication c'est donc faire plus
vite, mieux ou à meilleur marché.

L'addition d'ornements, de quelque genre que ce
soit, et le changement dans les formes et les proportions d'une machine ou d'une combinaison de matière,
ne peuvent pas constituer un perfectionnement; il faut
qu'il y ait quelque chose ajouté à l'invention primitive,
quelque avantage obtenu.

Il peut cependant y avoir des cas où un changement
dans la forme d'une machine ou d'un instrument peut
être considéré comme un perfectionnement, et devenir
l'objet d'un brevet : c'est lorsque ce changement exige
une nouvelle combinaison des différentes parties, une
nouvelle manière de les disposer et de communiquer
le mouvement. Ainsi, l'on a pris des brevets pour des
pianos d'une forme nouvelle, tels que des pianos ver-
ticaux, des pianos droits, le changement de la forme

les rendant plus portatifs et moins embarrassants. En effet, il ne suffisait pas dans ce cas de changer la forme extérieure, il fallait encore modifier tout le mécanisme intérieur, et transmettre le mouvement d'une manière différente. Ces modifications constituent une invention susceptible d'être brevetée.

Il convient dès lors de faire une distinction entre les formes qui peuvent être données à une chose : quelques-unes sont substantielles, celles-là seules forment une invention ou un perfectionnement; les autres sont accidentelles et n'ajoutent rien à l'invention.

Ainsi donc, quand une nouvelle forme donnée à une chose, tout en produisant un résultat avantageux, exige une disposition nouvelle de ses parties, soit extérieures, soit intérieures, la forme est alors substantielle et peut supporter un brevet. Quand, au contraire, le changement dans la forme n'ajoute rien à l'effet et n'exige aucun effort d'imagination pour la disposition des différentes parties, la forme est accidentelle, et le changement qu'on y apporte ne peut pas devenir l'objet d'un brevet. Ce qui vient d'être dit de la forme s'applique pareillement aux dimensions de l'objet.

C'est dans ce dernier sens que la loi dit qu'un changement dans les dimensions ou dans la forme d'une chose n'est pas considéré comme un perfectionnement qui puisse donner droit à un brevet.

L'application d'une nouvelle matière à la confection d'un article connu, si un résultat avantageux est par là obtenu, peut être considérée comme un perfectionnement et devenir l'objet d'un brevet.

Il n'est pas rigoureusement nécessaire de faire une

distinction entre ce qui est déjà connu et ce qui est nouveau. L'omission d'une pareille démarcation n'entraînerait pas en France, comme elle le ferait en Angleterre et aux États-Unis d'Amérique, la nullité du brevet.

Plusieurs perfectionnements dans une machine, ou dans une série de machines, peuvent devenir l'objet d'un brevet, mais non pas plusieurs perfectionnements dans des machines différentes, à moins qu'elles ne forment que les parties nécessaires d'un seul et même système.

L'impétrant doit déclarer qu'il est inventeur de la chose pour laquelle il demande un brevet.

Cette déclaration peut être faite en son nom par une autre personne.

SECTION VII.

DES DIVERSES SORTES DE BREVETS DE PERFECTIONNEMENT.

Des brevets de perfectionnement peuvent être demandés dans six cas différents :

1° Quand un breveté perfectionne l'invention pour laquelle il a déjà obtenu un brevet non encore expiré.

2° Quand un cessionnaire des droit résultant d'un brevet, à la charge de les exercer dans une portion seulement du territoire français, perfectionne l'invention cédée.

3° Quand un acquéreur pour une portion du terme du brevet perfectionne l'invention qui lui est transportée.

4° Quand un acquéreur à réméré perfectionne l'invention par lui acquise.

5° Quand le perfectionnement porte sur une invention déjà brevetée en faveur d'un autre.

6° Quand le perfectionnement porte sur une invention qui est dans le domaine public.

§ 1ᵉʳ.

PERFECTIONNEMENTS FAITS PAR LE BREVETÉ.

En France, un breveté peut toujours améliorer, changer, étendre ou réduire le procédé pour lequel il est breveté, mais c'est à la charge de faire breveter les changements, perfectionnements ou modifications qu'il apporte à son invention primitive. Dans ce cas, la taxe à payer au gouvernement est très-légère, ainsi que nous le verrons ci-après.

Le breveté qui perfectionne son système doit faire annexer ses divers perfectionnements à son brevet d'origine ; s'il négligeait de le faire, il pourrait être obligé de prouver qu'il les a inventés après que le brevet primitif a été accordé, ou il pourrait être déchu de son privilége comme ayant recélé une partie de son secret.

En supposant qu'il pût établir que les perfectionnements non brevetés sont postérieurs à l'obtention du brevet d'origine, ce dernier conserverait force et valeur. Mais ici s'offre un inconvénient d'un autre genre; comme le privilége ne s'étend qu'aux parties de l'invention qui ont été décrites, les perfectionnements postérieurs à la demande du brevet n'étant pas compris dans la description primitive, rien n'en assure la propriété exclusive à l'inventeur ; ils tombent, par conséquent, dans le domaine public, aussitôt qu'ils ont été mis en exécution. Les brevetés ne peuvent faire trop d'attention à ce point.

Le propriétaire légal d'un brevet, quel que soit le titre auquel il l'ait obtenu, soit par vente, donation, succession, décision des tribunaux, est investi des mêmes droits et est soumis aux mêmes obligations, que le brevet soit d'invention, de perfectionnement ou d'importation. Si le propriétaire du brevet change ou modifie son système, il est tenu de prendre un ou plusieurs brevets d'addition ou de perfectionnement, s'il veut se réserver la possession exclusive de l'invention modifiée ou perfectionnée, et s'il ne veut être tenu de prouver que ces perfectionnements sont postérieurs à l'obtention du brevet primitif.

Rien ne limite le nombre des brevets de perfectionnement que le breveté peut faire annexer à son brevet d'origine. Mais il faut remarquer que tous les brevets pour additions, changements ou perfectionnements, reposent sur le brevet d'origine et ne peuvent s'étendre au-delà du terme fixé pour son expiration.

Les brevets d'addition obtenus au moyen d'une taxe réduite ne peuvent avoir d'autre durée que celle qui

reste au brevet d'origine. Ces brevets une fois accordés forment titres par eux-mêmes et produisent le
même effet que si l'intégralité de la taxe avait été
payée. Mais comme il est nécessaire que le brevet primitif existe encore pour qu'on puisse enter dessus un
brevet d'addition en ne payant que la taxe réduite, il
en résulte que si le brevet primitif est expiré, ou si la
déchéance en a été prononcée par un jugement ou un
arrêt devenu irrévocable, les ex-brevetés ne peuvent
prendre de certificat d'addition ou de perfectionnement qu'autant qu'ils paient la totalité de la taxe,
parce que le privilége a cessé et que l'invention se
trouve désormais dans le domaine public.

La facilité que la loi offre aux brevetés d'obtenir
des brevets d'addition et de perfectionnement en
payant une taxe légère, est accordée sous la condition
que ces brevets ne s'étendront pas au-delà du terme
fixé pour la durée du brevet d'origine. Mais les brevetés peuvent toujours, s'ils le préfèrent, prendre un
brevet de perfectionnement en payant la totalité de la
taxe. Alors le nouveau brevet peut s'étendre au-delà
du terme fixé pour la durée du brevet primitif. Cette
faculté est importante quand le premier brevet n'a
plus que peu de temps à courir, et que le perfectionnement se trouve être d'une grande valeur.

Les modifications dans le système qui fait l'objet du
brevet primitif devraient à la rigueur être de nature à
ne pas changer le principe de l'invention. Autrement
il serait plus régulier, plus prudent de prendre un
brevet séparé pour ces perfectionnements, en payant
la totalité de la taxe, parce que le brevet pourrait sem-

bler ne pas devoir protéger des perfectionnements, additions, ou même des changements qui porteraient atteinte au principe fondamental de l'invention primitive.

Mais l'administration étant juge suprême de la question de savoir si l'addition peut ou non se rattacher à l'invention première, et la perception de la taxe n'intéressant qu'elle seule, quand une fois elle a admis le brevet d'addition, ce brevet a la même force que s'il eût été accordé en payant la taxe entière, et nul n'a droit d'attaquer ce nouveau titre sous prétexte qu'il aurait dû être acheté au prix d'une taxe intégrale.

L'administration est pleine de bienveillance pour les brevetés et accueille avec bonté tous les changements et modifications qui peuvent se rattacher de quelque manière à une invention déjà brevetée.

Une personne ayant un intérêt dans un brevet peut-elle prendre un brevet d'addition et de perfectionnement, et doit-elle, dans ce cas, payer toute la taxe, ou seulement la taxe réduite?

Si son droit n'est pas établi par un acte authentique et dûment enregistré, conformément à la loi, comme aussi si elle désire se réserver à elle-même l'avantage résultant du perfectionnement, elle devra prendre un brevet en son nom et payer la totalité de la taxe; si elle ne paie que la taxe réduite, le brevet devra être pris au nom de celui qui est breveté pour l'invention première, et les avantages des perfectionnements appartiendront à tous les intéressés au brevet d'origine.

§ 2.

PERFECTIONNEMENTS APPORTÉS PAR UNE PERSONNE A QUI UN BREVET A ÉTÉ CÉDÉ A LA CHARGE DE NE L'EXPLOITER QUE DANS UNE LOCALITÉ DÉSIGNÉE.

—

L'acquéreur à la charge de n'exercer ses droits que dans une localité désignée peut obtenir un ou plusieurs brevets d'addition et de perfectionnement pour modifications apportées à l'invention première, et il n'est tenu, dans ce cas, de payer que la taxe réduite. Mais son privilége ne s'étend pas au-delà des limites que l'on a fixées à sa concession. Hors du cercle qui lui a été attribué, il ne peut exercer aucun droit même pour le perfectionnement qu'il a inventé, c'est une conséquence nécessaire résultant de ce qu'il n'a payé qu'une taxe réduite. Mais s'il avait payé la taxe intégrale, il aurait la jouissance exclusive de son perfectionnement dans les limites de sa concession, et pourrait empêcher l'inventeur primitif de s'en servir même dans les localités qu'il se serait réservées.

§ 3.

PERFECTIONNEMENTS APPORTÉS PAR UNE PERSONNE QUI A OBTENU UNE CESSION TEMPORAIRE DU BREVET PRIMITIF.

—

Dans cette position le cessionnaire pourrait obtenir un ou plusieurs brevets d'addition ou de perfectionnement en payant la taxe réduite, mais alors son droit à l'égard de ses perfectionnements ne pourrait s'étendre au-delà du terme fixé pour la jouissance à lui concédée : passé ce délai le perfectionnement tomberait dans le domaine public.

§ 4.

PERFECTIONNEMENTS FAITS PAR UN ACQUÉREUR A RÉMÉRÉ.

L'acquéreur à réméré peut perfectionner l'invention qu'il a achetée, et peut obtenir des brevets d'addition pour ces perfectionnements en payant la taxe réduite ; mais la clause de réméré venant à recevoir son effet, le brevet d'addition nous paraîtrait devoir faire retour au propriétaire du brevet d'origine, parce que ce n'est que par suite d'un droit de propriété sur l'invention que le brevet d'addition a été obtenu ; ce droit de propriété faisant retour au breveté d'origine, le brevet d'addition devrait revenir pareillement : mais alors le propriétaire faisant usage de la faculté de réméré paraîtrait devoir être tenu de rembourser à l'acquéreur dépossédé les dépenses que ce dernier aurait faites pour obtenir le dit brevet d'addition.

§ 5.

PERFECTIONNEMENTS SUR UNE CHOSE POUR LAQUELLE UN AUTRE EST BREVETÉ.

—

Quand un perfectionnement est fait sur le principe d'une machine, ou sur quelques-unes de ses parties, ou sur une composition de matière déjà garantie à une autre personne par un brevet qui n'est ni expiré ni déchu, le titulaire du brevet d'origine ne peut pas faire usage du perfectionnement et le perfectionneur ne peut pas s'approprier l'invention primitive. Le perfectionneur est donc obligé de s'adresser à cet effet à l'inventeur pour traiter de son invention primitive à laquelle il peut ensuite joindre ses perfectionnements.

De son côté, l'inventeur ne peut en aucune manière joindre à la machine ou aux procédés de son invention les perfectionnements qui sont brevetés en faveur d'un autre, sans avoir préalablement obtenu son autorisation.

L'inventeur originaire d'une machine qu'il a fait breveter ne peut être restreint dans son privilége par les perfectionnements que d'autres pourraient ajouter à son système, son droit reste intact et hors de toute atteinte : si dès-lors une personne invente un perfectionnement sur une machine déjà brevetée en faveur d'une autre, elle n'a droit qu'à un brevet de perfectionnement, et ne peut comprendre dans son brevet la machine primitive ; elle ne peut même s'en servir sans le consentement du premier breveté. Si cependant le perfection-

neur d'une invention brevetée prenait un brevet pour la
totalité de la machine et non pas pour le perfectionnement seul, son brevet embrasserait plus que son invention ; il s'étendrait à ce qui appartient à un autre, et
devrait être réduit au perfectionnement. Si une action
en contrefaçon était dirigée contre lui par l'inventeur
primitif, il pourrait y avoir lieu à la confiscation des
objets fabriqués, et même à des dommages-intérêts,
selon les circonstances ; mais le brevet serait maintenu
pour la partie relative aux perfectionnements réellement faits à l'invention primitive. Dans un cas semblable, les lois américaines et anglaises prononcent la
déchéance des brevets, d'après l'axiôme qu'un brevet
nul dans une de ses parties est nul pour le tout.

De son côté, l'inventeur ne peut se servir du perfectionnement sans le consentement du perfectionneur.
Si l'inventeur se servait des dits perfectionnements
sans y être autorisé, il pourrait être condamné comme
contrefacteur à des dommages-intérêts, à l'amende et
à la confiscation des objets contrefaits, quand même
cette confiscation devrait entraîner celle de la machine
primitive.

Celui qui perfectionne une invention déjà brevetée
en faveur d'un autre, n'étant pas légalement tenu de
prendre un pareil brevet de perfectionnement, est
obligé de payer la totalité de la taxe selon la durée du
brevet qu'il sollicite.

Quand deux inventeurs ont sollicité des brevets
pour des découvertes de même nature, mais non identiques, le premier en date est le seul qui ait droit à un
brevet d'invention. La demande du second peut être

convertie sans nouveaux frais en une demande de brevet de perfectionnement pour les parties de l'invention non comprises dans la première demande. Mais cela est purement facultatif de la part du second demandeur, qui peut, tant que le brevet n'a pas été accordé, renoncer à sa demande, s'il le préfère, et obtenir le remboursement de la taxe par lui payée.

§ 6.

PERFECTIONNEMENTS SUR UNE CHOSE QUI EST DANS LE DOMAINE PUBLIC.

Si l'on fait un perfectionnement sur une chose tombée dans le domaine public et qu'on fasse breveter ce perfectionnement, le brevet ne peut conférer aucun droit ni étendre les restrictions du monopole sur une chose dont l'usage était libre auparavant ; mais le breveté a tous les droits d'un inventeur sur les perfectionnements, quoiqu'il n'ait pas un droit exclusif sur la chose elle-même ; par conséquent, tout le monde continuera à pouvoir se servir comme auparavant de la chose qui était dans le domaine public, et le privilége du breveté ne portera que sur les perfectionnements par lui inventés.

Mais comme la chose elle-même est supposée libre, il s'ensuivra que tout le monde, malgré un premier brevet de perfectionnement obtenu, aura le droit de perfectionner à sa manière la chose dont s'agit, et de faire breveter valablement ces perfectionnements, pourvu qu'ils soient différents de ceux déjà brevetés.

Si un inventeur en perfectionnant une invention déjà connue et publiée, signalait dans son brevet comme lui appartenant des éléments de cette invention qui étaient dans le domaine de tous, son brevet ne serait pas annulé par ce fait, il subsisterait encore si à ces éléments connus le perfectionneur avait ajouté des moyens nouveaux produisant des résultats utiles ; c'est ce qui a été décidé par la Cour royale de Paris, affaire du filtre Fonvielle.

Il avait été établi dans les débats que la pression en vases clos était dans le domaine public, que le filtrage à haute pression était dans le domaine public, quoique dans le brevet Fonvielle ils eussent été signalés comme nouveaux.

La Cour toutefois ayant trouvé qu'indépendamment des parties connues du système, il en existait dont la propriété appartenait à M. Fonvielle, a maintenu le brevet et a rejeté la demande en déchéance.

Cet arrêt sainement interprété confirme les principes que nous venons d'émettre. S'il était reconnu en fait que le sieur Fonvielle avait réellement apporté des perfectionnements au système de filtrage connu et pratiqué avant lui, ce perfectionnement suffisait pour soutenir son brevet. Mais il ne s'ensuivrait pas que d'autres ne pussent se servir du filtrage en vases clos et à haute pression, pourvu qu'ils n'employassent pas le perfectionnement spécial qui est attribué au sieur Fonvielle et sur lequel repose son brevet. C'est dans ce sens que les principes ont été posés par la Cour de cassation. (1).

SECTION VIII.

BREVETS D'IMPORTATION.

—

L'importateur d'une invention est celui qui introduit en France, sous la protection d'un brevet, une invention étrangère, et son privilége est la récompense que la loi lui offre pour avoir enrichi la France d'une invention auparavant inconnue.

L'importation d'une découverte exige des travaux préliminaires qui méritent l'encouragement d'un gouvernement éclairé. Ce serait une erreur de croire qu'il suffise de se procurer les plans et la description d'une invention pour l'importer avec fruit. Les dessins les meilleurs et les descriptions les plus détaillées laissent toujours quelque chose à désirer, et pour peu que la machine soit compliquée ou nouvelle, il est bien difficile, à l'aide de ces documents, de la construire du premier coup et sans essais préliminaires, et d'en faire usage aussi avantageusement que l'inventeur lui-même. Pour importer réellement une machine, il faut acquérir une connaissance pratique de son action et de ses produits, et à cet effet voyager dans le pays où elle a été

(1) Arrêt du 11 janvier 1825.

inventée, y résider quelque temps pour obtenir les renseignements indispensables, tromper la jalousie des fabricants qui craignent de voir emporter en pays étranger une machine qui leur assure de grands avantages, pénétrer, souvent avec danger et toujours à grands frais, dans les différentes manufactures où elle est employée, la voir marcher, l'étudier dans ses résultats et dans les différentes phases de la fabrication, et s'assurer par des essais et des renseignements de la manière la plus avantageuse de l'établir et de l'employer. Toutes ces démarches exigent une grande dépense de temps et d'argent que l'importateur doit encourir avant de pouvoir transporter avec succès une invention d'un pays dans un autre.

La loi exige une condition de plus pour la validité d'un brevet d'importation. L'invention doit être brevetée en pays étranger : aucun privilége n'est valablement accordé en France pour l'introduction d'une invention qui n'est pas brevetée dans le pays d'où elle est tirée.

L'importateur a sur l'invention brevetée d'importation le même droit qu'un inventeur.

Il n'est pas obligé d'indiquer le pays d'où l'importation a été faite. Il n'est pas obligé de prouver que l'invention est déjà brevetée dans un autre pays, ni de faire connaître la date du brevet étranger ou le nombre d'années pour lequel il a été obtenu. Le brevet une fois accordé est supposé valide jusqu'à ce que le contraire soit prouvé.

Comme une des conditions de la validité d'un brevet d'importation est que l'invention soit brevetée en pays étranger, la conséquence est que toutes les fois que l'invention devient dans ce pays propriété publique, n'importe la cause de la déchéance du titre, le brevet français devient nul. Ainsi, par exemple, si une invention introduite d'Angleterre était brevetée en France et que le brevet anglais fût annulé par les tribunaux anglais, le brevet français deviendrait de nulle valeur, même si le vice du brevet anglais était tel qu'il ne dût pas entraîner la nullité du brevet d'après les lois françaises.

Mais comme il n'existe pas dans la loi française de nullité de plein droit, il s'ensuit que le brevet d'importation devrait être déclaré nul par les tribunaux français, et il le serait sur la représentation de la preuve que le brevet étranger pour la même invention était tombé dans le domaine public. Jusqu'à ce que cette preuve fût administrée, le brevet d'importation pris en France conserverait force et valeur.

Si un brevet d'importation de quinze ans avait été obtenu en France pour une invention brevetée pour dix ans seulement en pays étranger, il en résulterait que les cinq dernières années de jouissance seraient sans utilité pour la personne brevetée en France, puisque l'expiration du privilége en pays étranger entraînerait l'annulation du brevet français.

Mais si le brevet étranger venait à être prorogé à quinze ans, comme alors l'invention continuerait à être soumise à un monopole à l'étranger, le brevet français reprendrait toute sa force et sa valeur et vivrait de la vie nouvelle donnée au privilége par la nation dans laquelle l'invention aurait pris naissance.

Quoiqu'aucun brevet d'importation ne puisse être valablement accordé en France pour une invention publiquement connue et employée en pays étranger, bien qu'inconnue en France, néanmoins comme de pareils brevets peuvent être demandés, et qu'on ne fait aucune enquête pour savoir si tel procédé pour lequel on demande un brevet d'importation est d'un usage libre dans le pays d'où on l'importe en France, de pareils brevets pourraient être accordés d'autant plus que l'impétrant n'est pas tenu de faire d'autres déclarations que celle constatant qu'il est importateur de l'invention dont s'agit. Si un pareil brevet avait été obtenu, il subsisterait jusqu'à ce qu'il fût annulé par jugement.

Dans tous les cas, ceux qui attaquent un brevet doivent en prouver la nullité. Le breveté n'a rien à prouver, ni l'existence d'un brevet étranger, ni la validité de son titre, ni l'utilité de l'invention, pas même qu'elle était inconnue en France avant qu'il ne l'eût importée ; il suffit qu'il produise son brevet, qui est tenu pour bon jusqu'à ce que le contraire soit établi aux yeux du juge. La loi présume le titre du breveté valable ; la preuve de sa nullité retombe sur ceux qui contestent la validité du brevet. C'est un point très-important dans la législation des brevets, et comme il est souvent impossible de fournir des preuves suffisantes, celui qui est tenu de faire la preuve doit, dans ce cas, perdre son procès.

Supposons qu'une invention brevetée en pays étranger soit introduite en France sous la protection d'un brevet d'importation, et qu'on vienne ensuite à prouver qu'à une époque antérieure à la demande du brevet d'importation pris en France, cette invention était d'un usage libre dans un autre pays, une pareille preuve annulerait-elle le brevet français?

Comme aucun brevet d'importation n'est réputé valable en France qu'autant que l'invention qui en fait l'objet ne se trouve pas être d'un usage libre en pays étranger, la bonne foi de l'importateur ne couvrirait pas la nullité de son titre.

Mais, dira-t-on, comment savoir que des pays avec lesquels on a fort peu de relations, et qui sont très-éloignés de la France, tels que la Chine, la Perse et l'Inde, n'ont pas pratiqué, depuis nombre d'années, des inventions que l'on croit nouvelles en Europe? Il n'y a certainement aucun moyen de s'en assurer, beaucoup de découvertes ayant été faites en Orient plusieurs centaines d'années avant d'être connues en Occident. Mais c'est cela même qui rend la preuve plus difficile à faire : comme la loi suppose le titre valable, c'est à celui qui attaque le brevet à en démontrer la nullité, et puisque rien ne le force à poursuivre la déchéance du titre accordé au breveté, il ne doit l'entreprendre qu'autant qu'il est muni de preuves suffisantes. Il serait donc non recevable à alléguer l'impossibilité de fournir ces preuves en raison de l'éloignement du pays où l'invention serait connue et pratiquée. Ce serait en vain qu'on alléguerait comme motif suffisant, pour rejeter la preuve sur le breveté, que lui seul sait si l'invention est brevetée en pays étranger, puisqu'il déclare l'avoir importée en France ; que seul il connaît le pays d'où cette invention est tirée, et le nombre d'années pour lequel le privilége a été accordé dans l'étranger ; que conséquemment il lui est facile d'administrer la preuve des faits qui sont à sa connaissance personnelle, et sur l'exactitude desquels repose la validité de son titre ; tous ces motifs seraient sans force : la loi est positive, elle n'exige rien du breveté à l'appui de son titre, qui fait foi par lui-même jusqu'à preuve contraire. C'est en supposant que la déclaration par lui faite est vraie que le brevet a été accordé ; cette déclaration doit donc être considéré comme méritant pleine confiance jusqu'à preuve contraire. Ce principe est d'une application générale pour tous les genres de brevets, et protége ceux d'importation aussi bien que tous les autres.

Quelques personnes s'imaginent que le brevet d'importation confère un privilége purement commercial à l'aide duquel on peut introduire en France des objets brevetés à l'étranger. Il importe de détruire une erreur très-préjudiciable aux titulaires de brevets d'importation, qui pourraient encourir la déchéance pour inactivité durant les deux premières années, au moment même où ils exploiteraient leurs brevets à leur manière avec la plus grande activité.

Le brevet d'importation n'est pas accordé pour l'introduction de l'objet manufacturé, mais pour l'introduction de l'invention elle-même.

Cette invention doit être mise à exécution en France, et c'est violer la loi et encourir la déchéance que de ne faire fabriquer qu'à l'étranger les objets pour lesquels on a obtenu un brevet d'importation du gouvernement français.

Dès l'année 1834, nous avions signalé le danger que couraient les brevetés en exploitant leurs brevets de cette manière, et le principe que nous avions posé a été consacré par un jugement de M. le juge de paix du 4ᵐᵉ arrondissement de la ville de Paris, affaire Perry C. Cuthbert.

SECTION IX.

BREVETS D'INVENTION ET DE PERFECTIONNEMENT.

Quand dans une machine ou dans un article manufacturé une partie a été inventée et une partie seulement perfectionnée, l'impétrant peut demander un brevet d'invention et de perfectionnement ; il n'est pas tenu d'établir dans sa description une ligne de démarcation entre ce qui est inventé et ce qui est seulement perfectionné, et si l'on vient à prouver que la partie qu'il déclare avoir inventée était connue antérieurement à la demande par lui faite, le brevet n'en sera pas moins valable pour la partie perfectionnée, et *vice versâ*.

En France, on ne considère pas toutes les parties d'un brevet comme étant solidaires entre elles, de manière que l'une d'elles ne puisse être annulée sans que le brevet soit nul pour le tout. Quand un brevet embrasse plusieurs inventions, le titre accordé les protége toutes. Chacune des inventions formant partie d'un même système pouvait servir de base à un brevet distinct et séparé, on a pu aussi les réunir dans un seul et même brevet. Si dans ce dernier cas il venait à être prouvé qu'il n'y a pas de nouveauté dans l'une d'elles, le brevet n'en subsiste pas moins pour le reste ; le même principe est applicable quel que soit le brevet que l'on ait obtenu.

Mais, dira-t-on, comment établir la distinction entre la partie du brevet qui tombe dans le domaine public du moment que l'on vient à prouver quelle était connue antérieurement à la demande et celle qui reste encore la propriété du breveté ? Est-ce au breveté ou au juge à la fixer ? C'est à celui qui attaque un brevet dans une de ses parties à prouver que cette partie n'était pas brevetable ; ainsi c'est sur lui que retombe entièrement la preuve. Toutes les parties de l'invention brevetée à l'égard desquelles il ne peut fournir la preuve qu'elles étaient connues antérieurement à la demande du brevet, échappent à ses attaques et demeurent la propriété du breveté.

⎯⎯⎯⎯◆⎯⎯⎯⎯

SECTION X.

BREVETS D'INVENTION ET DE PERFECTIONNEMENT.

Quand l'importateur d'une machine en France la perfectionne, il peut demander un brevet d'importation et de perfectionnement. Il n'est pas nécessaire d'établir une ligne de démarcation entre la partie de l'invention qui est seulement importée et celle qui est perfectionnée. Si le brevet vient à être annulé comme brevet d'importation, il pourra subsister comme brevet de perfectionnement, mais seulement pour les parties qui se trouveraient différer de l'invention importée, et *vice versâ*.

SECTION XI.

BREVETS D'INVENTION ET D'IMPORTATION.

—

Si une partie de la machine que l'on veut faire breveter est entièrement nouvelle et une partie importée d'un pays étranger, on pourra demander un brevet d'invention et d'importation. Il n'est pas nécessaire d'établir une distinction entre les parties inventées et celles importées ; et si le brevet vient à être annulé comme brevet d'invention, il pourra subsister comme brevet d'importation, et *vice versâ*.

SECTION XII.

BREVETS D'INVENTION, D'IMPORTATION ET DE PERFEC-TIONNEMENT.

—

On peut demander un brevet pour invention, importation et perfectionnement, si partie de la machine a été inventée, partie importée, et partie perfectionnée. Dans ce cas, comme dans ceux où deux espèces de brevets sont réunies, il n'est pas nécessaire d'établir une distinction entre les différentes parties de la machine pour lesquelles on demande un privilége à des titres différents, et si le brevet est annulé pour ce qui a rapport à l'invention, il pourra encore subsister pour l'importation et le perfectionnement, mais restreint alors aux seules parties de la machine réellement importées et perfectionnées. Si le brevet était frappé de déchéance sous le rapport de l'invention et de l'importation, il pourrait encore être maintenu pour les perfectionnements. Enfin, quand une personne prend un brevet à trois titres différents, le brevet n'est complètement annulé que lorsqu'il est prouvé qu'aucune des déclarations faites par le pétitionnaire n'est vraie, c'est-à-dire qu'il n'est ni inventeur, ni inportateur, ni perfectionneur de la chose pour laquelle il a demandé un brevet à ces trois titres.

SECTION XIII.

Pour rendre nos développements plus clairs et plus intelligibles, comme pour éviter les répétitions et les généralités, nous avons, dans les précédentes sections, parlé constamment d'une machine pour laquelle on aurait pris un brevet; mais ce que nous avons dit à cet égard n'est pas restreint seulement au cas où une machine serait brevetée, mais doit être appliqué également

ment à toutes les autres inventions qui peuvent devenir l'objet d'un brevet.

Nous ne terminerous pas ce chapitrè sans signaler une des erreurs les plus répandues parmi les industriels, erreur qui les détourne de chercher à s'assurer la propriété de leurs inventions au moyen de brevets.

Ils s'imaginent que toute personne, en faisant un léger perfectionnement, peut s'approprier une découverte déjà brevetée, et que cette usurpation reçoit une sanction légale au moyen de la concession d'un brevet pour perfectionnement ; ils en concluent qu'un brevet est un titre sans aucune garantie pour celui qui l'obtient, et que les inventeurs ne courent que des chances défavorables, en révélant dans leurs descriptions le secret de leurs découvertes.

Telle n'est pas la loi, et l'on ne saurait trop le répéter pour déraciner un préjugé funeste à l'industrie et au développement des meilleures inventions. L'inventeur primitif conserve son droit à l'invention quand même son invention aurait été perfectionnée par d'autres. Les perfectionneurs n'ont que le droit d'appliquer leurs perfectionnements aux choses fabriquées par l'inventeur primitif sans pouvoir les fabriquer eux-mêmes, si ce n'est du consentement exprès de l'inventeur.

Ce qui empêche encore un grand nombre de personnes de prendre des brevets pour des objets qui pourraient en être susceptibles, c'est que l'on voit qu'un grand nombre de brevets accordés sont annulés par les tribunaux, et l'on en tire la conséquence erronée que de pareils titres n'offrent aucune sécurité à ceux qui en sont porteurs. Mais ce défaut de garantie ne saurait être imputé à la loi, il ne provient que de la négligence ou de l'ignorance avec laquelle la plupart des descriptions sont rédigées. Il ne suffit pas que le mémoire descriptif soit clair et intelligible, il faut encore qu'il embrasse tout ce qui fait l'objet de l'invention, tout ce qui en découle comme une conséquence nécessaire, et qu'il offre à l'inventeur une protection réelle et efficace contre les imitateurs ou contrefacteurs.

En Angleterre, que l'on peut regarder comme la terre classique des brevets, les descriptions sont toujours rédigées avec le plus grand soin et soumises, avant d'être déposées, à l'examen d'un homme de loi profondément versé dans la connaissance de la législation industrielle. Il résulte de ces précautions la certitude que l'invention est suffisamment protégée par la description qui a été fournie.

En France, au contraire, la plupart des inventeurs ne se donnent pas tant de peine ; ils rédigent, tant bien que mal, la description. Ils croient avoir tout fait quand le brevet leur est accordé. Mais une invention qui ne repose que sur une description incomplète, insuffisante, et faite par une personne dépourvue des connaissances nécessaires, succombe aux premières attaques judiciaires, et les brevetés, déchus de leur titre, s'en prennent à la loi tandis qu'ils ne devraient s'en prendre qu'à leur propre incurie.

CHAPITRE II.

SECTION PREMIÈRE.

QUELLES INVENTIONS PEUVENT ÊTRE BREVETÉES.

On n'accorde pas de brevets pour toutes les espèces d'inventions. Elles doivent être de nature à produire un article fabriqué par la main de l'homme et mis dans le commerce.

On ne peut pas faire breveter un simple effet, mais seulement un effet produit d'une manièr eparticulière, ou par une opération spéciale. Ainsi, par exemple, on ne pourrait pas prendre un brevet pour l'art de mesurer le temps, ni pour la découverte de la force expansive de la vapeur, mais seulement pour une nouvelle application mécanique, à l'aide de laquelle l'on mesurerait la course du temps, ou l'on utiliserait la force d'expansion de la vapeur.

Aucun brevet ne peut être accordé pour un simple principe, mais il peut être accordé pour une manière de faire une chose, parce que le brevet pour la méthode devient en effet un brevet pour la chose faite, et non pas seulement pour le principe d'après lequel elle est faite ; aucun préjudice n'en peut résulter pour le public, et l'esprit de la loi est satisfait ; et peu importe que le brevet soit accordé pour une machine faite ou pour la manière de la faire, pourvu qu'elle soit suffisamment décrite. Sous ce rapport, les lois anglaise et française sont complètement d'accord.

Aucun brevet ne peut être accordé :

1° Pour une invention théorique et scientifique, à moins que l'inventeur n'en ait fait une application pratique, et qu'une machine ne puisse être construite, ou qu'un objet quelconque ne puisse être manufacturé par les moyens indiqués.

2° Pour des tontines, des plans de finances, des établissements de commerce et de banque, bien qu'ils soient combinés d'une manière entièrement nouvelle et inconnue. Peu de temps après la publication des lois de 1791 sur les brevets, on demanda des brevets pour des établissements de finances. La fameuse caisse Lafarge fut établie par brevet d'invention en 1792.

L'assemblée nationale, considérant qu'il était urgent de prendre des mesures pour arrêter l'effet de pareils brevets, en prononça la nullité et décréta qu'il ne pourrait plus en être accordé pour de pareils objets. Le même décret déclare formellement que les seules industries relatives aux arts et métiers sont susceptibles d'être brevetées.

3° Pour des médicaments, des pilules, des élixirs et autres préparations pharmaceutiques. Ces inventions sont réglées par des lois spéciales.

Plusieurs brevets, toutefois, ont été accordés pour des préparations médicinales déguisées sous différents titres. Ces inventions ne pouvaient pas être brevetées, et les titres accordés sont radicalement nuls ; de pareilles inventions sont comprises dans la catégorie des remèdes secrets, qui sont régis par la loi de 1810.

4° Pour des productions de l'esprit, telles qu'un livre, un poème, un tableau ou une composition musicale; les droits des auteurs sont réglés par des lois spéciales.

5° Plusieurs inventions ne peuvent pas être comprises dans un même brevet, mais elles doivent être l'objet d'un nombre égal de brevets, à moins qu'elles n'aient des rapports entre elles, et qu'elles ne constituent les différentes parties d'un même système.

Si une demande contenait plusieurs inventions distinctes, elle ne serait pas pour cela considérée comme entachée de nullité.

Mais, dans ce cas, le demandeur est prévenu par le comité facultatif des arts et manufactures de l'irrégularité de sa demande; on l'engage soit à la retirer, soit à choisir celle de ses inventions qu'il veut faire breveter de préférence : dans le cas où il fait un choix et se limite à une des inventions comprises dans sa demande, les autres inventions peuvent ou être abandonnées ou devenir l'objet d'un égal nombre de brevets.

Il faut toutefois remarquer que la date du dépôt servira seulement pour l'invention choisie par le demandeur, et que les autres inventions ne pourront être garanties que par un nouveau dépôt et seulement du jour où il sera fait.

Si le demandeur renonce à quelques-unes de ses inventions, on lui rend les dessins et les descriptions y relatives.

Cependant, si le demandeur persiste à considérer sa

demande comme légale, et à soutenir qu'elle ne renferme que les différentes parties d'un même système, liées ensemble de manière à produire un seul effet, une décision du ministre du commerce devient nécessaire pour trancher la difficulté.

Cette décision est sans appel, et quoiqu'un recours soit ouvert devant le conseil d'état contre toutes les décisions ministérielles, néanmoins un appel contre une pareille décision n'aurait aucun effet, et la décision serait confirmée.

Jusqu'à présent on avait considéré la question de savoir si une demande de brevet contenait ou non plusieurs inventions, comme étant du ressort de l'autorité administrative. Mais comme les brevets sont délivrés sans aucune garantie de la part de l'administration, il s'ensuit naturellement qu'aucune nullité n'est couverte par l'approbation du gouvernement. Il a été récemment décidé à Bourges qu'un brevet n'était pas valable quand il comprenait plus d'une invention.

Nous avons fait l'énumération des inventions qui ne pouvaient pas être brevetées, toutes les autres découvertes peuvent être protégées par un brevet, quelle que soit leur simplicité ou même leur frivolité.

L'administration ne soumet à aucun examen les demandes de brevets, comme nous le verrons ci-après.

Le droit de délivrer les brevets est attribué à l'autorité administrative, mais comme elle ne peut les refuser quand ils ont été régulièrement demandés, ce n'est point à cette autorité qu'il appartient d'apprécier la brevetabilité d'une invention.

Il n'y a que les tribunaux qui puissent arrêter l'effet

des brevets et en prononcer la nullité, soit parce que l'invention n'était pas brevetable, soit en faisant application des causes de déchéance fixées et déterminées par la loi, et que nous indiquerons ci-après.

Le ministre, en accordant un brevet, ne fait, en effet, que donner acte au demandeur de l'accomplissement des formalités préliminaires prescrites par la loi, et ne préjuge en aucune manière la validité du titre, chacun des certificats provisoires contenant cette note : *Le gouvernement, en accordant un brevet d'invention sans examen préalable, n'entend garantir en aucune manière la priorité, ni le mérite, ni le succès d'une invention.*

Quand l'objet que l'on veut faire breveter est un nouvel article de fabrication ou une composition nouvelle, le brevet doit être pour l'article fabriqué ou manufacturé, sans y comprendre la machine ou le mécanisme par lequel l'effet est produit ; mais si le mécanisme et le procédé sont pareillement nouveaux, il faut prendre deux brevets distincts et séparés, pour protéger à la fois la nouvelle substance produite et la machine ou le procédé à l'aide duquel elle est obtenue.

Quand l'effet produit n'est pas une composition ou substance nouvelle, le brevet peut être pris seulement pour la machine, ou si l'effet est obtenu par un nouvel emploi de machines connues, pour le procédé à l'aide duquel l'effet est produit.

On demande souvent des brevets pour des préparations ou composés chimiques, tels que des cosmétiques ; mais pour des médicaments aucun brevet ne peut être pris en France. Des cosmétiques pourraient être nuisibles à la santé publique, s'ils étaient préparés par des personnes qui ne connussent pas les effets des ingrédiens qu'elles emploient. Pour éviter des accidents, aucun de ces composés ne peut être breveté, avant qu'on n'ait acquis la certitude qu'il n'est pas d'un usage dangereux.

Les mémoires et descriptions de ces préparations sont soumis avec les échantillons qui y ont été joints, ou que l'on demande à cet effet, à l'examen de l'académie de médecine.

Si elle ne les trouve pas nuisibles, les brevets sont expédiés de suite ; si au contraire ils sont déclarés dangereux, les demandeurs sont invités à retirer la taxe payée et à renoncer à leurs demandes. Ils ont tous jusqu'ici accédé à cette invitation.

S'ils n'avaient pas renoncé volontairement à leurs demandes, ils n'auraient jamais pu mettre en pratique leurs inventions. Le ministre du commerce, n'ayant pas le droit de refuser un brevet quand les formalités légales ont été remplies, se serait vu forcé d'accorder les brevets dont s'agit ; mais en même temps il n'aurait pas manqué de signaler l'existence de ces priviléges à M. le préfet de police, afin qu'il empêchât la création des établissements destinés à les exploiter, et il aurait instruit du tout le procureur du roi de la résidence des brevetés. Ce magistrat, gardien de la sûreté publique, aurait pris aussitôt les mesures nécessaires pour faire annuler ces brevets comme étant d'une exploitation dangereuse. Dans ce cas, le montant de la taxe déjà payée aurait été perdu pour les brevetés, et ils auraient pu être en outre passibles d'amende et d'autres condamnations pécuniaires.

SECTION II.

QUELLES PERSONNES PEUVENT OBTENIR DES BREVETS.

Toute personne peut obtenir un brevet en France, homme ou femme, mineur ou majeur, Français ou étranger, soit qu'il réside ou non en France, et en général tous ceux qui remplissent les conditions attachées à son obtention.

La qualité d'inventeur n'est pas indispensable pour obtenir un brevet, c'est à l'invention accompagnée d'une demande faite en la forme légale que le privilége est attaché; et jusqu'à ce que le contraire soit prouvé, un breveté est considéré comme ayant droit à la qualité d'inventeur qu'il s'est donnée.

Si plusieurs individus inventent en même temps une seule et même chose, celui qui la publie le premier, c'est-à-dire qui, sous la garantie d'un brevet, la fait connaître au public, est aux yeux de la loi le seul inventeur; nul autre ne peut prétendre des droits au privilége exclusif que le brevet confère sur l'invention.

Ainsi le breveté et le véritable inventeur peuvent être deux personnes distinctes, mais nulle tierce personne ne peut attaquer les droits du breveté, soit en contestant le mérite de l'invention, soit en exposant les moyens qu'il a pu employer pour en obtenir possession.

Le véritable inventeur est le seul qui puisse réclamer l'invention, si la personne qui s'est fait breveter à son préjudice, lui avait ravi son secret au moyen de manœuvres frauduleuses, ou de toute autre manière ; mais alors son droit ne résulterait pas de son titre d'inventeur, ni du brevet qui a été indûment accordé à un autre, mais seulement de la fraude dont il aurait été victime.

Aucune autre personne ne peut attaquer les droits conférés par le brevet, si ce n'est en prouvant que la prétendue invention a été déjà brevetée en faveur d'un autre, ou qu'elle était tombée dans le domaine public antérieurement à la demande du breveté, ou bien que le breveté n'a pas rempli les conditions nécessaires à la validité et à la conservation de son titre, conditions que nous énumérerons dans la suite.

Si le demandeur fait faillite dans le temps qui s'écoule entre le dépôt fait à la préfecture et la signature du certificat, ses syndics s'emparent de son droit au brevet comme partie de son actif ; ils peuvent ou renoncer à la demande formée, et dans ce cas recouvrer la taxe payée, ou persévérer dans la demande, et quand le brevet est obtenu, l'exploiter ou en disposer pour le mieux des intérêts de la masse des créanciers.

Les inventions qu'un failli peut avoir conçues, avant d'avoir obtenu un concordat, ne peuvent profiter à sa masse, s'il ne les a pas mises en exécution avant d'avoir obtenu un arrangement de ses créanciers ;

mais si, avant cette époque, il avait mis ses talents en œuvre, et réalisé l'exécution de quelque invention nouvelle, elle appartiendrait, de plein droit, à ses créanciers, et ne pourrait pas être valablement transportée par le failli à aucune autre personne.

Si le pétitionnaire vient à mourir dans le temps qui s'écoule entre la demande et la signature du certificat provisoire, ses héritiers peuvent, en justifiant de leur qualité, renoncer à la demande formée, et retirer les sommes payées pour la taxe, ou ils peuvent persister dans la demande, et, quand le brevet est obtenu, s'en servir ou en disposer selon qu'ils le jugeront à propos.

Tant que le certificat de demande n'est pas expédié et signé par le ministre, l'impétrant peut renoncer à la demande par lui formée et obtenir le remboursement de la taxe versée, excepté celle qui a été payée à la préfecture pour l'enregistrement du dépôt, laquelle somme n'est jamais restituée ; mais aussitôt que le titre a reçu la signature du ministre, le pétitionnaire n'est plus admis à retirer sa demande : il peut néanmoins renoncer à son titre, et se dispenser ainsi de payer le complément de la taxe, mais ce n'est qu'en faisant l'abandon des sommes par lui déjà versées.

SECTION III.

LE GOUVERNEMENT N'EXERCE AUCUN CONTRÔLE SUR LES DEMANDES DE BREVETS.

—

Nous avons indiqué précédemment les inventions qui n'étaient pas susceptibles d'être brevetées en France ; toutes les autres inventions peuvent devenir l'objet d'un brevet, et aucune demande ne peut être rejetée, excepté dans les cas énumérés ci-dessus.

Le ministre du commerce, quand toutes les formalités prescrites par la loi ont été remplies, est tenu de délivrer le brevet, ce qu'il fait toujours aux risques et périls du demandeur. Le ministre n'est pas établi juge de l'importance ou de la frivolité d'une invention. Aucun examen préalable ne doit avoir lieu, et tous les brevets régulièrement demandés doivent être accordés ; ce principe ne reçoit pas d'exception et ne peut être violé ni directement, ni indirectement.

Le ministre ne peut pas refuser un brevet, même pour une invention dont l'exploitation serait dangereuse ou nuisible, sans s'exposer à être pris à partie ; mais en accordant un pareil titre, il le dénonce en même temps au procureur du roi près le tribunal dans le ressort duquel le breveté réside, pour que ce magistrat prenne dans l'intérêt de la santé ou de la sûreté publique les mesures nécessaires pour faire annuler un pareil privilége.

Le ministre n'est pas appelé à décider si l'invention

est nouvelle ou déjà brevetée. La loi offre les moyens de dépouiller les brevetés des titres qui auraient pu être irrégulièrement ou illégalement accordés.

La décision de ces cas est laissée à la prudence du juge., et aucun brevet ne peut être annulé sans un jugement.

En Angleterre et dans les États-Unis d'Amérique, les procès en contrefaçon intentés par le breveté, et ceux où l'on conteste au breveté la validité de son titre, sont les uns et les autres soumis à des jurés, qui prononcent par leur verdict sur la contrefaçon, sur la validité du brevet et sur le montant des dommages intérêts. En France, ces questions sont toutes de la compétence des juges qui les décident sans l'intervention du jury. Nous indiquerons ci-après les tribunaux qui sont appelés par la loi à prononcer sur les questions relatives aux brevets, dans les différents cas qui peuvent se présenter.

Quoique le gouvernement délivre les brevets sans examen préalable, néanmoins il a cru devoir, dans l'intérêt des brevetés, établir un comité consultatif dans les bureaux du ministère du commerce. Ce comité, composé d'hommes recommandables par leurs connaissances industrielles et manufacturières, offre aux inventeurs une garantie qu'aucune autre institution n'eût pu leur fournir. Toutes les demandes de brevets sont soumises au comité; il examine d'abord si toutes les formalités prescrites par les lois ont été remplies, ensuite si la description et les dessins fournis sont suffisants pour faire comprendre l'invention dans tous ses détails; enfin, si l'invention est nouvelle et n'a pas déjà été brevetée en faveur d'un autre, il fait du tout un rapport au ministre du commerce. Quand le rapport est favorable, on expédie de suite le brevet. Si la description ou les dessins, ou tous deux, laissent quelque chose à désirer, on demande au breveté des explications qui ne peuvent être données que sous la forme d'un brevet d'addition ou de perfectionnement.

Ce comité est principalement établi pour empêcher les inventeurs de consacrer inutilement leur temps et leur argent à l'obtention de brevets qui pourraient être annulés à la première attaque.

Si donc le comité pense que l'invention présentée comme nouvelle est déjà brevetée ou tombée dans le domaine public, il en fait mention dans son rapport au ministre. Le ministre alors transmet à la partie un extrait de l'avis du comité consultatif, et l'engage, dans son intérêt personnel, à renoncer à sa demande et à retirer la taxe payée. Si, nonobstant cette invitation, le pétitionnaire persiste dans sa demande, le brevet lui est accordé, mais à ses risques et périls.

Le comité ne peut qu'énoncer son opinion, sans l'imposer. Ainsi, dans le cas où la description de l'invention est jugée obscure, incomplète, insuffisante, et lorsque le comité la déclare telle et réclame une description supplémentaire, si le demandeur de brevet refuse de rien ajouter à sa description et insiste pour obtenir le brevet tel qu'il l'a demandé, le titre lui est alors accordé, mais à ses risques et périls.

Il est bon de faire remarquer ici que l'approbation du comité ne pourrait pas faire titre en faveur du breveté, dans le cas d'un procès sur la validité du brevet, parce que le comité ne fait que déclarer qu'il ne croit pas que l'invention soit déjà connue ou brevetée. Mais si le comité, au contraire, avait fait des objections à la demande, soit parce que l'invention était déjà brevetée ou tombée dans le domaine public, soit pour toute autre cause, cette circonstance pourrait être défavorable au breveté dans l'esprit du juge, parce qu'elle servirait à montrer que le pétitionnaire avait été dûment averti de l'irrégularité de sa demande, et qu'il y avait persisté en connaissance de cause, malgré les avis qui lui avaient été donnés (1).

(1) Une foule de cas prouvent que le comité consultatif se renferme strictement dans le cercle de ses attributions, et qu'après avoir donné son avis, si le demandeur persiste dans sa demande, le titre lui est alors accordé à ses risques et périls, quelque grands que soient d'ailleurs les vices du brevet. Il me suffira de citer l'exemple suivant, auquel je m'arrête de préférence, en raison de l'importance et du succès de l'invention, de la longueur des procès auxquels elle donna lieu, du grand nombre de jugements et d'arrêts qui furent rendus dans cette affaire, et des capitaux considérables qui avaient été consacrés à l'exploitation du brevet.

Un sieur Raymond avait demandé en 1819 un brevet pour une nouvelle espèce de roues à aubes applicables aux bateaux à vapeur et placées sur l'arrière. Le ministre lui écrivit à la date du 28 juillet de la même année : « Avant de vous « accorder le brevet que vous avez demandé, je crois devoir vous faire observer « que ce système de navigation a été gravé et décrit dans plusieurs ouvrages « imprimés, que plusieurs brevets ont été accordés pour des procédés semblables, « et que vous ne pouvez, sans encourir la déchéance ou vous exposer à des pour- « suites pour contrefaçon, le comprendre dans votre description. »

Sans tenir compte de l'avis qui lui avait été transmis par le ministre, Raymond persista dans sa demande. Un brevet de quinze ans lui fut accordé. Raymond mit son procédé en exécution, et en 1822, il avait formé une société pour le transport de marchandises de Paris au Havre et retour, sur des bateaux construits d'après son système. Plusieurs essais, faits sur une grande échelle, avaient constaté tous les avantages du procédé Raymond. En 1824, on exploitait le brevet avec succès, quand une compagnie rivale, pour échapper à un procès en contrefaçon, forma contre le sieur Raymond et consorts une demande en déchéance, fondée sur ce que le procédé breveté avait été décrit et publié antérieurement à

Quand le comité trouve la description insuffisante,
et demande une description supplémentaire, on la dé-

la demande du brevet ; et à l'appui de la demande en déchéance, elle produisit des ouvrages anglais et américains qui contenaient la description du système que Raymond avait fait breveter.

Dans l'intérêt du sieur Raymond, on soutint que l'ouvrage, dans lequel se trouvait décrit un procédé qui offrait quelque analogie avec celui de Raymond, était écrit en langue étrangère et publié en pays étranger ; que la publication ne peut exister en France que pour les ouvrages qui sont écrits en langue française et mis en vente en France ; que par conséquent, un ouvrage écrit en langue étrangère, vendu dans un pays étranger, n'est point une publication pour la masse des Français, il est inintelligible pour eux, il n'existe pas à leur égard. Si quelques savants, versés dans la connaissance des langues étrangères, peuvent connaître et comprendre tous les ouvrages publiés dans toutes les langues de l'Europe, cette connaissance, restreinte à un petit nombre d'individus, n'offre plus le caractère de la publication, car publier un livre veut dire le mettre à la portée du public, qui peut à sa volonté en prendre connaissance et qui est dès lors censé l'avoir fait.

Le tribunal de première instance, saisi de la contestation, sans avoir égard aux moyens plaidés par le sieur Raymond, prononça la déchéance de son brevet, attendu que le procédé qui en faisait l'objet avait été décrit et publié dans des ouvrages imprimés et mis en vente à une époque antérieure à celle où la demande du sieur Raymond avait été formée. De ce jugement ou interjeta appel ; la cause fut portée devant la cour royale de Paris. Cette cour, considérant que les dispositions de la loi, qui prononcent la déchéance du brevet quand le procédé a été décrit dans des ouvrages publiés, ne s'appliquent qu'aux ouvrages français et ne s'étendent pas aux ouvrages étrangers, qui, n'ayant pas de publication en France, ne peuvent être légalement réputés connus des Français qui obtiennent des patentes favorables aux progrès de l'industrie nationale ; que d'ailleurs dans l'espèce rien ne prouve que de fait Raymond ait connu les ouvrages dont s'agit, infirma le jugement dont la révision lui était soumise, et émendant, déchargea Raymond des condamnations contre lui prononcées, débouta les adversaires de Raymond de leur demande à fin de déchéance et les condamna en tous les dépens.

Sur cet arrêt, on se pourvut en cassation.

La cour suprême, considérant que le jugement de première instance du 2 février 1825 avait établi, en point de fait, que le procédé donné pour nouveau par Raymond avait déjà été publié et décrit dans des ouvrages publiés en Amérique et en Angleterre ; que la cour royale n'a pas contredit ce point de fait, qu'elle l'a même admis en se décidant exclusivement par la solution du point de droit, et en jugeant que ce sont seulement les ouvrages publiés en France qui

posait autrefois dans les bureaux du ministère et on l'annexait au brevet primitif. Nous avions toujours pensé que cette marche n'était pas régulière et qu'il fallait, dans ce cas, prendre un brevet de perfectionnement, parce que la loi prescrit le dépôt, au secrétariat de la préfecture, de toutes les pièces relatives à la demande d'un brevet.

En effet, on pouvait prétendre et on a prétendu en effet dans un procès qu'eurent à soutenir MM. Ratier et Guibal, qu'un brevet à l'égard duquel toutes les pièces n'avaient pas été déposées à la préfecture, ne pouvait embrasser les descriptions qui avaient été déposées directement au ministère sans passer par la filière de la préfecture ; cette prétention, qui fut écartée en raison des circonstances particulières de la cause, détermina l'autorité à changer ses usages.

peuvent motiver la déchéance du brevet, et non pas les ouvrages étrangers, qui, n'ayant pas de publication légale en France, ne peuvent être légalement réputés connus des Français ; que, cependant, le § 3 de l'art. 16 de la loi n'a point exigé que les ouvrages fussent *publiés en France* ; que cette modification serait contraire à l'esprit de la loi manifesté notamment dans l'art. 9 de la même loi.

De ces motifs, il suit que l'arrêt de la cour royale, en créant une limitation non existante dans la loi et contraire à son texte comme à son esprit, a violé l'art. 16 de la loi du 7 janvier 1791.

La cour cassa et annula l'arrêt de la cour royale de Paris, et renvoya la cause devant la cour royale de Rouen.

Cette cour, adoptant les principes posés par la cour de cassation, prononça la déchéance du brevet de Raymond, sur le motif que les procédés brevetés avaient été, antérieurement à la date de la demande, décrits et publiés en Angleterre et en Amérique.

On soumit cet arrêt à la censure de la cour de cassation, qui, persistant dans sa précédente décision, rejeta le pourvoi.

Ainsi, Raymond perdit son brevet, qui tomba dans le domaine public, et il eut tout lieu de regretter de n'avoir pas suivi les avis qui lui avaient été officieusement donnés par le comité consultatif.

SECTION IV.

TAXE A PAYER AU GOUVERNEMENT POUR LES BREVETS.

—

La taxe à payer pour l'obtention des brevets varie selon qu'ils sont accordés pour cinq, dix ou quinze ans. Il n'est pas fait de distinction entre les différentes espèces de brevets ; ils sont tous soumis à la même taxe, excepté ceux pour additions et perfectionnements à des brevets déjà accordés qui ne sont assujettis qu'à une taxe légère ainsi que nous allons le voir.

Si toute la somme est payée lors de la demande, elle se monte :

1° Pour cinq ans, à . . . . 300 f.

2° Pour dix ans, à 800

3° Pour quinze ans , à 1,500

4° Pour un perfectionnement à un brevet déjà accordé. 24

5° Pour enregistrement à la préfecture. . . 12

6° Pour droit d'expédition du titre. 50

7° Pour prolongation, de cinq à dix ans, d'un brevet non encore accordé, la différence entre les deux taxes. 500

8° Pour prolongation de cinq à quinze ans d'un brevet non encore accordé. 1,200

9° Pour prolongation de dix à quinze ans d'un brevet non encore accordé. 700

10° Pour prolongation au-delà de quinze ans, et en vertu d'une loi. 600

11° Pour enregistrement d'un brevet de prolongation par une loi. 12

12° Pour enregistrement d'une cession de brevet totale ou partielle. 18

13° Pour droit à payer à la préfecture. . . . 12

14° Pour recherche d'une description. . . . 12

15° Droit de communication du catalogue des inventions, à la préfecture. 3

Quand l'impétrant veut se prévaloir de la facilité à lui accordée par la loi, et ne payer comptant qu'une partie de la taxe, il doit solder d'abord :

Pour un brevet de cinq ans. 150

Pour un brevet de dix ans. 400

Pour un brevet de quinze ans. 750

Pour l'expédition du titre. 50

Pour droit à la préfecture. 12

Il doit, en outre, souscrire l'engagement de payer dans les six mois du jour du premier versement :

Pour un brevet de cinq ans. 150

Pour un brevet de dix ans. 400

Pour un brevet de quinze ans. 750

Toutes les autres taxes ci-devant énumérées doivent être payées comptant, et aucun délai n'est accordé pour leur acquittement.

Il ne sera pas inutile de faire observer que l'on ne peut jamais contraindre par voies judiciaires le breveté au paiement de l'obligation par lui souscrite ; il est entièrement affranchi du moment qu'il déclare renoncer à son brevet, et d'un autre côté, quand le brevet est annulé faute par le breveté d'avoir payé la taxe en temps utile, l'obligation se trouve pareillement annulée. Dans les deux cas, les sommes payées par le breveté sont acquises au gouvernement.

Des perfectionnements apportés à une invention pour laquelle un autre est breveté, ou sur une chose qui se trouve être dans le domaine public, ne peuvent être brevetés qu'autant qu'on paie la taxe entière, la réduction de la taxe pour perfectionnement n'ayant lieu qu'au profit des brevetés qui, subséquemment à l'obtention de leurs titres, désirent apporter quelques modifications à l'invention qu'ils ont décrite, et s'en assurer le privilége en les faisant annexer à la description primitive.

Les sommes ci-dessus sont toutes payées au gouvernement et ne comprennent pas les honoraires dus aux personnes qui peuvent avoir été chargées pour les parties de les diriger dans l'obtention de leur brevet, ou de rédiger la description et de former la demande.

SECTION V.

PRIORITÉ D'INVENTION.

A partir de l'heure où l'enregistrement de la demande a été fait à la préfecture du département, les avantages que peut produire l'invention sont acquis au demandeur, et aucune personne ne peut, à son préjudice, demander postérieurement un brevet pour le même objet. Ainsi, la date de l'enregistrement établit la priorité de l'invention à l'égard de toutes demandes formées à une époque plus récente.

Mais la date du brevet est-elle tellement acquise au demandeur du jour du dépôt qu'aucune personne ne puisse pratiquer l'invention dans le temps qui s'écoule entre le dit dépôt et la concession du brevet?

Pour étendre à ce point le privilége du breveté, il faudrait une disposition législative formelle, et cette disposition n'existe pas ; voyez, au surplus, page 79, où cette question est examinée.

On donne, lors de l'enregistrement de la demande, un récépissé portant le nom du demandeur, et indiquant la nature du brevet demandé, et en outre le folio du registre des brevets qui contient la copie du procès-verbal de réception.

Ce procès-verbal constate non-seulement le jour, mais encore l'heure du jour où il a été dressé, parce que, comme on peut former des demandes dans la province tout aussi bien qu'à Paris, il pourrait se faire, dans le cas où plusieurs demandes de brevets pour le même objet auraient été faites le même jour, qu'il fût impossible d'établir le rang des différentes demandes entre elles, si l'on ne faisait mention que du quantième du mois.

Le fait suivant démontre la nécessité de l'accomplissement rigoureux de cette formalité.

En 1824, le 3 septembre, MM. Calla et Liebert firent enregistrer à la préfecture du département de la Seine une demande pour la même invention, à un quart d'heure seulement de distance. Le brevet fut attribué à M. Calla, dont la demande avait précédé de quinze minutes celle de son compétiteur.

Si deux brevets sont demandés pour une seule et même invention, la priorité d'invention et le droit au brevet sont acquis à celui qui le premier a fait enregistrer sa demande en la manière légale.

Le brevet second en date, s'il était accordé, serait déclaré nul, et si le titulaire essayait de l'exploiter, il pourrait être poursuivi pour contrefaçon du premier brevet et condamné à des dommages-intérêts. Mais, ainsi que nous l'avons vu, les demandeurs de brevets sont avertis par le comité de l'existence d'un brevet antérieur, et il leur est loisible, avant que le brevet ne soit accordé, de retirer le montant de la taxe payée par eux et de renoncer à leur demande.

Si la priorité ne fût résultée que de la date du certificat, les commis des divers bureaux par lesquels le brevet doit passer jusqu'à ce qu'il arrive à la signature du ministre, auraient pu favoriser certaines personnes au préjudice d'autres, et accorder ainsi à une demande plus récente la priorité d'invention qui appartenait à une demande plus ancienne.

Toutes les personnes employées dans les bureaux chargés de la partie des brevets sont tenues d'expédier, et expédient en effet toutes les demandes de brevets à leur tour et sans faveur ni préférence. Mais si le contraire avait lieu, la loi, en attribuant la priorité d'invention à la priorité de demande, a garanti le public contre les effets de la complaisance ou de la partialité.

En ce point, la loi française est plus équitable que la loi anglaise, dont elle diffère essentiellement.

On tient en Angleterre que, dans le cas de demandes formées simultanément pour la même invention par plusieurs individus, celui qui le premier obtient le grand sceau est seul inventeur aux yeux de la loi, d'après cette décision de lord Eldon, chancelier d'Angleterre : « Je ne puis voir d'autre motif de me décider « que d'attribuer le brevet à celui qui remplit le plus « promptement les formalités prescrites par la loi. » C'est à mon avis adjuger le brevet comme prix de la course.

Quelques personnes pensent à tort qu'elles peuvent établir leurs qualités comme inventeurs, et prendre date en déposant auprès de quelque société scientifique ou littéraire un paquet cacheté, contenant la description de leurs inventions et la manière de les exécuter ; elles croient leurs droits fixés d'une manière incontestable dès qu'elles ont obtenu un reçu de leur paquet, daté, signé par le secrétaire de la société et revêtu de son cachet. Cela pourrait leur assurer le titre honorifique d'inventeur, mais ne saurait en aucune manière porter atteinte à une demande de brevet régulièrement ment formée à une date subséquente.

SECTION VI.

COMBIEN DE PERSONNES PEUVENT ÊTRE INTÉRESSÉES DANS UN SEUL ET MÊME BREVET ?

Anciennement, et aux termes de la loi de 1791, il y avait une prohibition d'exploiter les brevets par actions, prohibition qui emportait même déchéance du titre en cas de contravention. Cette restriction avait été empruntée de la loi anglaise, où elle a été introduite en haine du monopole, et de peur que des associations puissantes par leur crédit et fortes de leurs richesses ne vinssent, à l'aide de leurs priviléges, à accaparer toute une branche de commerce et à ruiner des établissements préexistants.

Quoi qu'il en soit, cette restriction fut abolie en France par un décret de 1806, comme portant atteinte à la liberté du commerce, mais à la condition d'obtenir l'autorisation du gouvernement pour l'exploitation du brevet sous cette forme (Nous examinerons les effets de cette disposition législative ci-après, p. 127). Dans tous les autres cas, la loi ne détermine en aucune manière le nombre des personnes qui peuvent être intéressées dans un brevet. Le nombre en est donc illimité, et une compagnie formée en nom collectif pour l'exploitation d'un brevet ne serait soumise qu'aux formalités imposées aux autres sociétés commerciales.

En Angleterre même, où la crainte du monopole existe encore dans toute sa force, on a été obligé de reconnaître que c'était inutilement entraver l'industrie que de limiter à cinq le nombre des personnes qui peuvent avoir un intérêt dans un brevet. Ce nombre a été depuis étendu à douze, et il faut espérer que ce n'est que le premier pas vers l'affranchissement complet de cette branche d'industrie.

Nous avons vu que les sociétés en nom collectif pouvaient se former sans autorisation pour l'exploitation d'un brevet. Il en serait de même d'une société simplement en commandite. Mais si la société était formée en commandite et par actions, nous croyons que l'autorisation préalable du gouvernement serait indispensable.

CHAPITRE III.

CONDITIONS NÉCESSAIRES A LA VALIDITÉ DES BREVETS.

1° L'invention doit être licite.

2° Elle doit être nouvelle.

3° L'inventeur, perfectionneur ou importateur, doit donner une description fidèle et détaillée de ses procédés.

4° Tous les perfectionnements, les additions, les changements faits par le breveté postérieurement à son brevet, doivent être décrits et détaillés par lui pour devenir l'objet de brevets de perfectionnement.

5° Après avoir pris un brevet en France, le breveté ne doit pas prendre un brevet pour la même invention en pays étranger.

6° Il doit mettre son brevet en activité dans l'espace de deux années.

7° Il doit payer la seconde portion de la taxe au temps prescrit.

SECTION PREMIÈRE.

L'INVENTION DOIT ÊTRE LICITE.

Si un brevet avait été obtenu pour une chose dont l'usage ou la fabrication fût contraire aux lois du royaume ou aux règlements de police, ou si le breveté en faisait un usage illégal, un pareil brevet pourrait être annulé à la requête du procureur du roi, sans préjudice des poursuites correctionnelles en raison de la gravité des circonstances.

Ceux qui, dans l'hypothèse ci-dessus, auraient obtenu des licences du breveté et qui les auraient exploitées, et tous ceux qui auraient pris part, directement ou indirectement, à l'exploitation d'inventions illicites, seraient considérés comme complices du délit et poursuivis comme tels.

Une invention, quoique licite en elle-même, peut, en raison des lois du royaume, être soumise à quelques restrictions dans son exercice. Ainsi tout imprimeur en France doit être pourvu d'un brevet, et personne ne peut imprimer sans être breveté imprimeur. Telles étant les dispositions de la loi, il en résulte que toutes les inventions ou perfectionnements relatifs à des presses d'imprimerie, et qui pourraient donner droit à des brevets, n'autoriseraient pas le breveté à s'en servir par lui-même, à moins qu'il ne fût imprimeur; son droit comme breveté se trouverait limité à la fabrication et à la vente des presses perfectionnées.

Quelques articles ne peuvent pas même être fabriqués sans l'autorisation du gouvernement, tels que les fusils de calibre adopté pour l'armée et des armes de guerre. Il en est d'autres enfin pour la fabrication desquels le gouvernement s'est réservé le monopole, tels que la poudre à canon, les canons, les bombes, les obus et autres objets semblables. Il en est de même de la fabrication du tabac. Des perfectionnements relatifs aux articles sus-mentionnés pourraient devenir l'objet d'un brevet, mais le breveté ne pourrait l'exploiter par lui-même et sans l'autorisation du gouvernement.

SECTION II.

L'INVENTION DOIT ÊTRE NOUVELLE.

L'invention n'est pas nouvelle :

1° Si avant la date de la demande pour le brevet la prétendue invention était en usage ou connue dans le royaume, soit qu'elle eût été exécutée en France ou importée par le commerce.

2° Si l'inventeur lui-même ou quelque autre personne l'avait fait connaître, quand même cette connaissance aurait été obtenue par fraude, ou en corrompant à prix d'argent les ouvriers ou autres personnes qui auraient pu avoir été employées par l'inventeur.

Celui qui avant d'obtenir un brevet a fait constater

publiquement l'utilité de son invention, est présumé par cela même avoir renoncé à tout droit privatif sur la dite invention (1).

Si le mode spécial de fabrication d'un produit industriel était connu dans le commerce au moment où un brevet a été obtenu pour le même procédé, le breveté ne peut prétendre au droit exclusif de fabriquer le dit produit (2).

Il est des choses qui sont connues dès qu'on les a mises en vente; les savants peuvent en découvrir d'autres, au moyen de l'analyse. Un petit nombre d'inventions peuvent échapper à toutes les recherches; mais, pour qu'on puisse se faire breveter valablement, il faut que l'invention soit nouvelle pour le public. Si l'inventeur a mis en vente un objet manufacturé, et qu'il ait ensuite obtenu un brevet pour le même objet, il a par cela même annulé son titre d'avance, à moins qu'il ne soit en mesure de prouver que, par l'inspection de l'objet, ou au moyen de l'analyse, personne n'a pu découvrir le procédé employé dans la fabrication.

On sent toute la difficulté, pour ne pas dire l'impossibilité, d'une pareille preuve, qui retombe tout entière à la charge du breveté.

3° Si l'invention, antérieurement à la demande, a été décrite dans un livre, brochure ou papier périodique, publié en France, quand même l'ouvrage serait écrit en langue étrangère. Peu importerait que la description eût été faite à la requête de l'inventeur lui-même, qu'elle eût paru dans les publications de sociétés

(1) Cour de cassation, 10 février 1806.
(2) *Idem*, 24 décembre 1833.

littéraires ou scientifiques à qui l'inventeur aurait soumis son invention.

4° Si la description de l'invention a été publiée hors de France, en langue vivante ou morte, toujours à une époque antérieure à la demande du brevet français. Mais il faut, dans ce cas comme dans celui qui précède, que l'invention soit réellement décrite; une simple indication, qui n'offrirait qu'un problême à résoudre, ne suffirait pas pour porter atteinte à un brevet pris postérieurement pour le même objet.

En effet, la loi exige deux conditions : la consignation de l'invention et sa description dans des ouvrages imprimés et publiés. En matière de déchéance tout est de rigueur; la consignation de l'invention ne suffit pas à l'exigence de la loi, il faut encore et surtout la description de la découverte en termes assez clairs et assez précis pour que chacun puisse, en la plaçant sous ses yeux, réaliser à son gré l'idée décrite (1).

Dans les quatre cas ci-dessus, la mise en pratique d'une invention, ou sa description dans un ouvrage imprimé, doit-elle, pour vicier le brevet dans son essence, avoir eu lieu à une époque antérieure à la

______

(1) L'on s'est demandé si la publication antérieure à la demande viciait un brevet en France , quand ce brevet était pour importation et que la publication avait été faite dans un pays étranger. L'affirmative a été consacrée par la cour royale de Paris. Une demande en déchéance de brevet a été formée contre le sieur Taylor , importateur du procédé consistant dans l'emploi de l'air chaud pour tous les travaux de métallurgie où l'air est lancé dans les foyers ou les fourneaux.

Des maîtres de forges, réunis dans le désir d'affranchir leur industrie du tribut payé au sieur Taylor, ont attaqué son brevet et ont établi que la demande en France avait été précédée en Angleterre d'une publication faite dans un journal, et contenant la description du procédé.

La preuve de ce fait ayant été administrée , le brevet fut annulé.

date de la demande ou de la concession du brevet? En d'autres termes, doit-elle, pour donner lieu à la déchéance, précéder la date du procès-verbal de dépôt ou celle du certificat de demande délivré par le ministre?

A défaut de texte formel, j'estime qu'il faut, quand il s'agit de déchéance, faire au breveté la part la plus large possible, et qu'il convient de décider, dans cette question très-délicate, que du moment du dépôt le demandeur de brevet est à couvert des conséquences d'une publication de son procédé faite depuis le dépôt, mais avant la date de son titre. En effet, si le brevet lui eût été accordé de suite, il eût été valable : le breveté ne peut pas être responsable d'un fait qui lui est étranger, il ne peut pas être puni des lenteurs apportées par l'administration dans l'expédition des brevets, quand il a fait tout ce qui était en son pouvoir pour assurer la validité de son titre.

Quelques inventeurs s'empressent d'exécuter leurs inventions et de les livrer au public aussitôt le dépôt des pièces. Ils commettent selon moi une grande imprudence, et font tout ce qu'ils peuvent pour annuler leurs titres d'avance. Ce cas diffère de celui qui précède en ce que, dans le premier, le breveté n'a rien à se reprocher, et, dans le second, il a livré lui-même à l'imitation de ses concurrents une invention qu'aucun titre ne protégeait encore : il doit donc subir les conséquences de son ignorance ou de sa légèreté.

En effet, comment poursuivre un contrefacteur quand on n'a pas encore de brevet? C'est une chose impossible. Il faut donc attendre la délivrance du brevet. Le contrefacteur se trouve ainsi avoir tout le temps nécessaire pour exploiter l'invention à son aise. Quand le brevet est accordé et que le breveté veut faire respecter ses droits, le contrefacteur est en mesure de justifier sa possession antérieure au brevet, possession qu'il doit au breveté lui-même, et une pareille défense ne manquerait pas de triompher.

Quelques personnes prétendent que le privilége du breveté commence, pour la garantie de son invention, à partir du jour du dépôt, et que toute personne exécutant la même invention après cette époque est nécessairement contrefacteur. Il est malheureux que cette opinion, qui est très-favorable aux brevetés, ne puisse s'appuyer sur aucun texte de loi. Toutefois la question s'est présentée à Lyon et à Rouen, et elle a été décidée contre le breveté. Il s'agissait à la vérité, dans l'une des espèces, d'un brevet d'importation, mais les mêmes raisons s'appliquent aux autres espèces de brevets.

Un individu avait demandé un brevet d'importation pour une machine introduite par lui d'Amérique. Après le dépôt des pièces, mais avant la délivrance du certificat, une autre personne importe sans brevet la même machine. Le breveté, aussitôt son titre obtenu, poursuit le second importateur en contrefaçon ; celui-ci oppose la possession antérieure au titre, et le breveté est déclaré non recevable, parce que la machine arguée de contrefaçon avait été introduite avant la délivrance du brevet obtenu par le premier importateur.

SECTION III.

LE DEMANDEUR DOIT FAIRE CONNAÎTRE LES PROCÉDÉS PAR LUI EMPLOYÉS.

—

Pour prix du privilége que la loi lui accorde, le breveté doit assurer au public tous les avantages résultant de l'invention, pour qu'il en puisse jouir après que le brevet sera expiré. C'est pour la garantie des droits du public que l'inventeur doit donner la description de sa découverte. Mais l'accomplissement rigoureux de cette obligation profite aussi au breveté lui-même, et son intérêt personnel lui fait une loi de donner une description d'une parfaite exactitude ; car plus il aura rendu intelligible le caractère spécial ou les éléments constitutifs de son invention, plus il sera facile au juge de reconnaître une contrefaçon, et plus la condamnation du contrefacteur sera certaine.

L'inventeur est donc tenu de fournir, par écrit, une description détaillée et fidèle de son invention et de la manière dont on doit en faire usage, dans des termes assez clairs et assez explicites pour faire distinguer la dite invention de toutes choses antérieurement connues, et pour mettre des ouvriers connaissant la partie en état d'exécuter ou d'employer le procédé ou mélange dont il s'agit ; et dans le cas où il s'agirait d'une machine, il faut qu'il explique en détail le principe et les différentes manières dont il a envisagé l'application du principe, ou le caractère spécial qui la distingue de toutes les autres inventions. C'est ce que l'on appelle en anglais *spécification*, et en français *mémoire descriptif*.

***

§ 1er.

SPÉCIFICATION OU MÉMOIRE DESCRIPTIF.

—

Les lois anglaises sont extrêmement sévères relativement aux descriptions que les brevetés doivent fournir. Comme dans ce pays le brevet est accordé à l'inventeur sur le titre ou nom qu'il donne lui-même à son invention, et qu'il n'est tenu de fournir la description et les dessins que dans un délai qui n'est jamais moindre de deux mois, et qui s'étend généralement à six, il faut que le nom donné à l'invention se rapporte et coïncide parfaitement avec la description. Si le titre comprend plus que le mémoire descriptif, le brevet se trouve annulé ; si le titre comprend plusieurs inventions connexes et qu'une d'elles ne soit pas nouvelle, la déchéance est prononcée pour le tout. En Angleterre, si le titulaire de la patente n'est pas dirigé par les conseils éclairés d'un homme de loi versé dans la matière, il court le risque de perdre son privilége dès qu'il y a procès, en raison de l'extrême rigueur avec laquelle la loi est appliquée, et de l'impression défavorable que le mot *privilége* produit sur l'esprit des juges et des jurés.

La loi française, au contraire, est plus favorable aux inventeurs, et les tribunaux français sont plus disposés à protéger les droits des brevetés. Ils considèrent qu'un homme qui, à ses frais, par des efforts soutenus, et après plusieurs années consumées en essais, est parvenu à enrichir sa patrie d'une invention nouvelle, et à augmenter ainsi le bien-être de ses compatriotes, a bien mérité de la société, et s'est rendu digne de toute la protection de la loi.

Comme la validité d'un brevet dépend principalement de la manière dont la description est rédigée, nous indiquerons de suite ce que la loi française exige dans une description.

La description doit révéler et communiquer au public toutes les parties du procédé employé. Il faut ne rien omettre, ne rien recéler, ne rien ajouter qui soit inutile et qui puisse induire le public en erreur. Si le breveté conserve le secret de ses procédés les meilleurs, les plus économiques ou les plus prompts, s'il emploie des moyens qu'il ait omis d'indiquer et de décrire dans son mémoire, ou qu'il n'ait pas déclarés postérieurement, à l'effet de les faire ajouter à sa description primitive au moyen d'un brevet d'addition, de changements ou de perfectionnement, le brevet obtenu peut être annulé

Si la spécification est obscure ou incomplète, et qu'un ouvrier connaissant bien la partie ne puisse pas, à l'aide de la dite spécification ou description, construire la machine ou exécuter le procédé dont s'agit, le brevet peut être annulé.

Les brevetés auraient tort de se plaindre de la sévérité de la loi à cet égard ; ce n'est pas, à proprement dire, une peine que l'on prononce contre eux, c'est l'annulation d'un contrat synallagmatique, dans lequel une des parties n'a pas rempli les conditions auxquelles elle s'était obligée à peine de nullité.

Le privilége n'est accordé que sous la condition expresse que le breveté révèlera en entier son secret, de manière à ce que le public puisse, à l'expiration du brevet, faire usage de l'invention d'une manière aussi avantageuse que le breveté lui-même. Si donc la spécification est assez obscure ou imparfaite pour que ce résultat ne puisse être obtenu, le breveté a indûment retenu la chose et le prix. Le public ne reçoit rien en retour du monopole qui a été accordé ; peu importe alors que les défauts de la spécification soient imputés à la ruse ou à l'ignorance, le tort causé au public est le même, et le brevet doit par conséquent être annulé.

Les termes employés pour la description de l'invention sont ceux que le breveté lui-même a choisis. Il a exposé au ministre qu'il a inventé, perfectionné ou importé l'objet dont s'agit, et qu'il en est le premier inventeur, perfectionneur ou importateur.

Le ministre, sur cet exposé, lui accorde aux termes de la loi un privilége pendant un temps limité. La loi impose à tout breveté certaines conditions parmi lesquelles se trouve celle de décrire fidèlement l'invention dont s'agit ; si donc l'invention n'a pas été décrite d'une manière intelligible, la cause du contrat manque, et le brevet est annulé.

Il n'est pas rigoureusement nécessaire de faire dans

la description une distinction formelle qui sépare ce qui est connu et public, ou ce qui appartient à un autre brevet, de ce qui fait l'objet de l'invention ou du perfectionnement pour lequel le brevet est demandé.

Si l'invention a été clairement et fidèlement décrite, le brevet ne serait pas annulé en France par cela seul que le titre donné à l'invention ne s'y appliquerait pas d'une manière parfaite; sous ce rapport, la loi anglaise est d'une rigueur extrême. Lord Cochrane prit en Angleterre un brevet pour une méthode perfectionnée d'éclairer les villes et les villages. La cour décida que le titre qui convenait le mieux à l'invention était celui d'une lanterne perfectionnée, et le brevet fut annulé en conséquence. En France, un pareil brevet eût été valide nonobstant le vice du titre, car il était impossible de ne pas comprendre l'invention à la simple lecture de la spécification. La loi française n'annule pas un brevet pour quelque irrégularité dans le titre, pourvu que la description soit claire et intelligible; mais si la description est inexacte, incomplète, insuffisante, le brevet ne peut manquer d'être annulé.

Quand la description est incomplète, il n'y a pas de privilége pour les parties de l'invention qui ont pu être omises; si elle est susceptible de deux sens on l'interprète toujours contre le breveté.

L'inventeur doit, dans tous les cas, s'en prendre à son incurie, à son manque de sincérité ou à son ignorance, des défauts qui vicient sa description, et se résigner à en subir les conséquences; car il a lui-même défini la nature et l'étendue de son invention, et toutes les parties de l'invention qui n'ont pas été comprises dans la description ne sont pas protégées par le brevet, et demeurent dans le domaine public.

Si un breveté, ayant inventé une machine utile au public, peut la construire d'une manière plus avantageuse dans ses résultats que toute autre, et qu'il n'ait indiqué dans sa description que la manière la moins productive, en se réservant le secret de la construction la plus avantageuse, quoiqu'il se soit conformé au texte de la loi en décrivant une machine qui produise les effets voulus, néanmoins il ne s'est pas conformé à son esprit en ne communiquant pas au public la manière la plus avantageuse d'exploiter le privilége à lui accordé.

Le brevet dans ce cas pourrait être annulé, en raison du recel des meilleurs moyens à employer. En effet, le breveté a contracté l'obligation de donner au public les moyens d'exécuter l'invention de la même manière et avec les mêmes avantages, c'est-à-dire avec aussi peu de travail et de frais, qu'il peut le faire lui-même; s'il recèle quelques moyens de rendre l'opération plus avantageuse ou plus productive, il devient coupable de mauvaise foi et encourt la déchéance.

Quand nous avons dit que la description devait mettre d'autres personnes en état de faire la chose pour laquelle le brevet était accordé, cela doit s'entendre de personnes ayant une connaissance suffisante de la partie; car, comme l'a fort judicieusement fait observer lord Ellenborough, supposons un charretier n'ayant aucune connaissance de l'horlogerie, il n'est aucune description qui puisse le mettre en état de faire une montre.

Il suffit que des personnes à talent puissent, à l'aide de la description, comprendre parfaitement le procédé, de manière à pouvoir l'employer après l'expiration du brevet sans être obligées de faire des essais.

De ce que nous venons de dire, il résulte que l'on ne saurait apporter trop de soins à la rédaction du mémoire descriptif. Une grande lucidité, beaucoup d'exactitude, une connaissance parfaite du genre d'invention que l'on veut décrire, une juste application des mots scientifiques et techniques, sont de toute nécessité. La prudence exige en outre qu'on s'éclaire des avis d'un homme de loi versé dans la partie (1).

Mais quels que soient les défauts de la description, le brevet n'est jamais annulé de plein droit. La décision de la validité des brevets est laissée à l'arbitrage des juges. Le gouvernement n'exerce aucune influence, et le brevet, dont la description est vicieuse, subsiste jusqu'à ce qu'il soit annulé par les tribunaux.

---

(1) L'auteur de ce traité s'est occupé de la partie des brevets depuis plus de dix-huit ans. Durant une aussi longue pratique il a décrit plusieurs milliers d'inventions. La grande habitude qu'il a de ce genre de travail le met à même de signaler toujours les parties caractéristiques d'une invention, et de la décrire en termes clairs et intelligibles. Il offre ses services à MM. les industriels qui pourraient avoir des spécifications à rédiger.

§ 2.

DESSINS.

—

Il est beaucoup d'inventions et de perfectionnements qui ne peuvent pas être suffisamment compris par la description seule, des dessins sont souvent nécessaires pour faciliter l'intelligence du texte. En Angleterre, on en a reconnu la nécessité, et le répertoire des inventions brevetées fait foi qu'il n'est qu'un petit nombre de descriptions qui ne soient pas accompagnées de dessins. Ce n'est donc pas sans étonnement que l'on lit dans les annales de jurisprudence anglaise, cette sentence de lord Eldon, homme d'ailleurs d'une science profonde et d'un jugement sûr : « Un breveté peut, « s'il le veut, joindre à sa description un dessin ou une « représentation de son invention; mais sa description « doit être suffisante par elle-même, ou sans cela elle « est mauvaise. » Malgré le respect qu'une décision pareille doit inspirer aux tribunaux anglais, en matière de brevets, où la loi est fort peu de chose, et où la jurisprudence et les opinions des juges ont la plus grande influence, on n'en continue pas moins à fournir des dessins pour la plus complète démonstration des machines nouvelles. En France, on regarde comme indispensable d'annexer des dessins pour rendre la description plus intelligible, surtout quand l'invention consiste en machines entièrement nouvelles, ou en métiers ou mécanismes applicables à plusieurs fabrications différentes. Ces dessins doivent être faits sur une échelle indiquée et représenter exactement l'objet de l'invention ; et quand les machines sont compliquées, les dessins doivent être faits par plan, coupe et élévation. Chaque partie distincte doit être marquée d'une lettre correspondant à une lettre pareille dans le mémoire descriptif. Les dessins doivent être fournis en double original.

On ne saurait apporter trop de soins à la confection des dessins, puisqu'ils ôtent, quand ils sont bien faits, toute obscurité à la description ; on doit donc en confier l'exécution à des personnes qui ont fait une étude spéciale de ce genre de travail (1).

Beaucoup de brevets éprouvent des obstacles en raison du peu de soin avec lequel les dessins sont exécutés.

Quand la description est claire et exacte, que les dessins sont corrects et bien relevés, et qu'il est aisé de comprendre l'invention ou le perfectionnement, le vœu de la loi est rempli, et les obligations imposées aux futurs brevetés sont exécutées. Les inventeurs joignent quelquefois des modèles et des échantillons. Un modèle révèle le jeu d'une machine plus complètement que ne peut faire un dessin, et des échantillons mettent à même de former une opinion plus correcte de l'article manufacturé. Ces modèles et échantillons sont déposés au Conservatoire des arts et manufactu-

(1) L'auteur a attaché à son cabinet des dessinateurs d'une haute capacité et en qui l'on peut avoir toute confiance. Il fait relever les machines, soit à Paris, soit dans la province. Il fait aussi copier les dessins qui lui sont remis. Ces travaux sont exécutés avec soin, avec promptitude, et à des prix très modérés.

res , et ne doivent pas être exposés à la vue du public.
avant l'expiration du brevet.

Il ne sera pas inutile de faire observer aux étrangers
qu'il n'est pas accordé de délai par la loi française pour
le dépôt des descriptions et des dessins relatifs aux
brevets, ainsi que cela a lieu en Angleterre. En France,
ce dépôt doit être fait au moment même de la demande.

SECTION IV.

PERFECTIONNEMENTS POSTÉRIEURS AU BREVET.

Le breveté qui fait un perfectionnement après qu'il
a obtenu son brevet, ou qui fait des changements ou
des modifications à son invention , et qui veut se servir de sa machine ou de son procédé avec ces perfectionnements y appliqués , doit prendre un brevet de
perfectionnement. S'il réalisait ces perfectionnements
sans avoir obtenu un nouveau brevet qui les consa-
crât , il courrait risque de perdre son brevet primitif,
à moins qu'il ne pût prouver que la découverte du perfectionnement est postérieure à la demande du brevet.
S'il réussit à faire cette preuve, le premier brevet conserve sa force, mais le perfectionnement tombe dans
le domaine public.

Si le breveté ne peut administrer la preuve que le
perfectionnement a été découvert postérieurement à la
concession du brevet, le dit brevet pourrait être annulé , parce que l'on considérerait alors que l'inven-

teur, à l'époque de sa demande, possédait une méthode plus avantageuse de faire usage de son invention et qu'il ne l'a pas communiquée au public dans sa description, qu'il s'est ainsi rendu coupable d'une réticence frauduleuse, ce qui suffirait pour faire annuler le brevet.

SECTION V.

IL EST DÉFENDU DE PRENDRE A L'ÉTRANGER UN BREVET POUR UNE CHOSE QU'ON A DÉJA FAIT BREVETER EN FRANCE.

On ne peut rien dire pour justifier cette disposition de la loi. Elle est contraire aux intérêts du breveté qu'elle frappe d'une incapacité qui n'existe pas pour d'autres personnes.

Car pendant qu'il est interdit au breveté d'obtenir un brevet à l'étranger pour une invention déjà brevetée en sa faveur en France, tout autre individu peut s'emparer de l'invention et la porter à l'étranger, sous la protection d'un brevet d'importation. On voit de là l'inutilité de cette prohibition qu'il est si facile d'éluder. Les brevetés français prennent donc des brevets à l'étranger sous le nom d'autres personnes, ou bien ils commencent par prendre à l'étranger un brevet d'invention, et prennent ensuite en France un brevet d'importation.

On a prétendu qu'une disposition aussi absurde a été

introduite dans la loi pour protéger l'industrie française; on a ajouté qu'il était à craindre que la prospérité de la France ne reçût une atteinte funeste, si des nations étrangères pouvaient exploiter toutes les inventions françaises; qu'enfin le breveté français donnerait à son invention une exécution plus étendue, si on l'empêchait de prendre un brevet à l'étranger et qu'on le contraignît ainsi de consacrer tous ses moyens et tout son temps au succès du brevet français. Je n'essaierai pas de faire ressortir tout ce qu'il y a d'absurdité à supposer que la prospérité d'une nation puisse en aucune manière être nuisible à celle des autres. Il suffira de dire que l'on n'a pas pu jusqu'ici expliquer cette disposition ni la justifier du reproche d'incohérence et d'inutilité; car la loi, qui a cherché à entraver l'exploitation à l'étranger d'une industrie brevetée en France, n'a pas prévu le cas où des brevetés français formeraient en pays étranger, et sans y prendre de brevets, des établissements pour l'exploitation de la même découverte. Ce cas, qui serait plus préjudiciable à l'industrie brevetée en France, n'annulerait pas le brevet français, car en matière de nullité tout est de rigueur.

Il est évident que cette disposition de la loi ne pouvant être justifiée à aucun titre et pouvant être éludée avec impunité, est complètement inutile et ne saurait manquer d'être abrogée aussitôt que les chambres s'occuperont d'un projet de loi sur la matière.

Comme toutefois cet article de loi existe et que, par conséquent, les tribunaux doivent en faire l'application, il ne sera pas inutile de faire remarquer que, pour porter atteinte au brevet français, le brevet étranger doit avoir été obtenu après la concession du brevet français, c'est-à-dire après la signature du certificat provisoire. Si donc un brevet était obtenu à l'étranger après la demande, mais avant la concession du brevet français, ce dernier ne serait pas annulé.

Si un co-propriétaire d'un brevet français en prenait un à l'étranger en son nom personnel pour la même invention, et postérieurement à la délivrance du brevet français, cette circonstance annulerait-elle le brevet français?

Nous pensons que dans cette position le brevet français serait annulé.

Cette cause de nullité d'un brevet est indivisible; elle frappe le brevet entier ou elle n'existe pas du tout.

Un co-propriétaire indivis, et nécessairement la co-propriété d'un brevet est indivise, possède la moitié dans la totalité, et les dispositions de la loi sont aussi impérieuses pour lui sur sa partie, que s'il possédait le tout. Or, comme sa part ne peut pas être définie, si, par sa faute, le brevet est annulé quant à lui, le brevet se trouve, par cela même, annulé pour le tout, parce qu'aucune division ne peut être effectuée.

Depuis que nous avons écrit ces lignes, nous avons appris qu'un brevet français avait été annulé dans les circonstances suivantes :

M. D*** avait obtenu un brevet pour l'emploi de charbon animal à gros grains dans la décoloration des sirops. Postérieurement il forma une association pour l'exploitation du dit brevet, et son associé prit en Angleterre un brevet pour le procédé sous son nom personnel, sans y joindre le nom de M. D***. La preuve de ce fait ayant été administrée, le brevet français fut annulé par jugement du tribunal de première instance. Ce jugement nous paraît conforme aux principes; mais la question ne peut pas être considérée comme ayant été tranchée, car le sieur D*** a interjeté appel.

Si un breveté cède son brevet, et que la cession soit dûment revêtue des formalités légales, peut-il alors prendre un brevet à l'étranger sans compromettre le sort du brevet français?

Le brevet ayant, par une cession régulière, passé sur la tête de l'acquéreur, le cédant se trouve complètement dépouillé de tous ses droits : il n'est plus breveté aux yeux de la loi française, il peut donc prendre, s'il le veut, un brevet à l'étranger.

On ne peut, en effet, mettre le cessionnaire à la merci du cédant, en rendant, pendant toute la durée du brevet, le premier garant des actes du second.

L'inventeur ayant transporté son titre, est dans la position d'un propriétaire qui aurait vendu sa maison; certes, personne ne pourrait soutenir qu'il conserverait, même après la vente consommée et le prix régulièrement reçu, le pouvoir de renverser la maison qu'il aurait vendue. Il faut donc tenir que la cession une fois régularisée, l'ex-breveté peut, sans nuire au brevet qu'il a cédé, prendre un brevet sous son nom, pour la même invention en pays étranger.

SECTION VI.

LE BREVETÉ DOIT EXPLOITER SON BREVET DANS L'ESPACE DE DEUX ANNÉES.

—

L'intérêt public exigeait que les inventions brevetées fussent mises à exécution, la justice demandait qu'on accordât au breveté un temps suffisant. L'espace de deux années, à partir de la date, non de la demande, mais du certificat, a été accordé par la loi, et ce laps de temps semble suffisant pour que les brevetés puissent mettre en pratique leurs inventions. Il y aurait perte et dommage pour la société, si l'on permettait à des individus d'entraver toute une industrie, et de paralyser les essais et les efforts d'inventeurs plus entreprenants, par la prise de brevets qu'ils ne se proposeraient pas de mettre en exécution.

Mais, comme des circonstances imprévues et des événements extraordinaires peuvent empêcher les parties de se conformer aux dispositions de la loi en exploitant leurs brevets dans le délai fixé, la loi admet les brevetés à produire des excuses pour justifier leur inaction.

A qui appartiendra l'appréciation des motifs allégués par le breveté pour échapper à la déchéance prononcée pour cause d'inaction ? Nous croyons qu'il faut distinguer.

Si la déchéance, pour non exploitation dans les deux premières années, est demandée par un tiers, qui désire en profiter pour faire annuler le brevet et se livrer sans crainte à l'exploitation d'une invention analogue, c'est devant le tribunal de première instance que la question doit être portée, c'est la seule autorité compétente pour prononcer sur une déchéance demandée par voie contentieuse.

Mais si, à l'expiration du délai fixé pour la mise en activité du procédé breveté, aucune partie ne se présente pour demander la déchéance du brevet, le titulaire qui, en l'absence de toute attaque, ne peut saisir l'autorité judiciaire d'une demande en maintenue de son brevet, est dans la nécessité de soumettre cette demande à l'autorité administrative, en lui exposant les raisons qui peuvent justifier son inaction, conformément aux dispositions de la loi du 7 janvier 1791.

Il faut bien, en effet, que le breveté puisse s'assurer de la conservation de ses droits avant de se livrer à de nouvelles dépenses ; il faut bien qu'il puisse obtenir une prolongation de délai que la loi autorise en sa faveur. Il ne peut être tenu d'attendre qu'un tiers, qui ne se présente pas, vienne exercer une action contre lui, et à défaut d'adversaire, en l'absence de toute contestation, il ne peut que s'adresser à l'autorité administrative, qui a été partie au contrat primitif et le représentant de la nation française, et qui se trouve ainsi juge dans sa propre cause.

Il est donc parfaitement loisible à l'autorité administrative de modifier, aux termes de la loi, les clauses du contrat primitif, en étendant le délai pour mettre en activité l'invention brevetée.

L'autorité administrative est parfaitement compétente pour statuer sur toutes les demandes relatives aux brevets d'invention, d'importation ou de perfectionnement, qui ne sont pas contentieuses : elle a donc qualité suffisante pour apprécier les motifs qui doivent faire accueillir ou rejeter ces demandes.

Lorsqu'elle a prononcé, sa décision forme un droit acquis pour le breveté, et l'on ne peut remettre cette décision en question devant les tribunaux, qui n'ont pas le droit de réviser les décisions administratives.

Mais lorsque par une demande principale en déchéance ou une demande reconventionnelle exceptionnellement introduite comme défense à une action en contrefaçon, on met le breveté en demeure de prouver qu'il a réellement obéi à la loi en exploitant son invention dans le délai prescrit, il est alors tenu d'établir qu'il a obtenu un délai du gouvernement, ou qu'il a réellement et effectivement mis en pratique son invention, ainsi que le législateur lui en fait une obligation.

De simples essais sans qu'aucun produit ait été livré au commerce, des tentatives promptement abandonnées, ne sont pas considérés comme une mise à exécution.

La déchéance du brevet n'a jamais lieu de plein droit, en raison de l'inaction du breveté, car l'administration ne la prononce jamais : lorsque l'action s'engage devant les tribunaux à la requête d'un tiers qui désire faire tomber le privilége, le breveté doit être entendu dans sa défense, et il peut justifier des raisons qui ont modifié son inaction, et obtenir des tribunaux un sursis ou prolongation de délai.

Si un breveté avait mis son invention en activité

dans les deux premières années, et qu'il eût ensuite interrompu ses travaux pendant deux ans et plus, la déchéance ne pourrait pas être prononcée contre lui en raison de ce fait, car il aurait exécuté la condition que la loi lui impose, par la mise en activité de son invention dans les deux premières années, et aucune disposition de la loi n'exige une exploitation continue.

Un breveté ne serait pas considéré comme ayant renoncé à ses droits, si pendant plusieurs années il n'avait pas exercé des poursuites contre les personnes qui auraient contrefait son invention; sa longanimité ne formerait pas contre lui une fin de non recevoir, lorsqu'il lui conviendrait d'exercer des poursuites contre un ou plusieurs des contrefacteurs.

Il serait, en effet, par trop absurde de supposer qu'une personne, qui se serait emparée d'une invention brevetée, pût échapper aux peines prononcées par la loi, tant dans l'intérêt particulier que dans celui de la vindicte publique, en prouvant qu'elle s'était livrée depuis plusieurs années à une fabrication illicite, tandis qu'en raison de la longueur de la contrefaçon, le contrefacteur devrait être et serait infailliblement condamné à une peine plus forte.

Si donc le contrefacteur ne peut avoir acquis le droi de faire usage de l'invention brevetée, à l'aide de contrefaçons nombreuses et long-temps prolongées, encore moins pourrait-il assurer à d'autres une impunité qu'il n'aurait pas pu se procurer à lui-même.

SECTION VII.

LE BREVETÉ DOIT ACQUITTER LE COMPLÉMENT DE LA TAXE A L'ÉPOQUE FIXÉE.

—

Comme le paiement de la totalité de la taxe est une des conditions nécessaires de la concession de brevet faite par le gouvernement, et que le délai de six mois accordé pour payer la seconde moitié est une facilité donnée aux brevetés, il est juste qu'ils encourent la déchéance si le complément de la taxe n'a pas été payé au temps prescrit.

Les brevets devenus nuls pour défaut de paiement de la taxe tombent dans le domaine public, et sont relatés dans une ordonnance royale insérée au *Bulletin des Lois*.

C'est le seul cas où la nullité d'un brevet soit prononcée par l'autorité administrative. Dans toute autre circonstance, l'appréciation de la validité ou de la nullité d'un brevet est laissée à l'autorité judiciaire, qui ne peut prononcer qu'après des débats contradictoires.

On ne peut rien dire pour justifier cet empiètement de l'autorité administrative sur les attributions des tribunaux. Rien dans la loi ne confère ce droit au gouvernement : il demeure donc constant que le législateur a entendu soumettre le cas à la loi commune, qui veut qu'aucun citoyen ne puisse être dépouillé d'un droit acquis à prix d'argent, autrement que par une décision des tribunaux (1).

(1) Nous reproduirons ici des articles qui ont déjà paru dans la *Gazette de l'industrie*, en retranchant toutefois les passages empreints d'une aigreur qu'on doit

écarter de toute discussion. On verra avec plaisir et intérêt combien M. Cochaud, ancien chef du bureau des manufactures au ministère du commerce, a déployé d'habileté et d'adresse dans la défense d'une question où le bon droit nous paraît être du côté de son adversaire.

GAZETTE DE L'INDUSTRIE. — MARS 1832.

De l'ordonnance du 8 février 1832, qui annule soixante-onze brevets pour défaut de paiement de la taxe.

« C'est avec une véritable peine que sous le gouvernement de Louis-Philippe nous voyons le ministre du commerce suivre les errements de l'empire et de la restauration, et attacher le nom du roi à un acte à la fois illégal et arbitraire. Telle est, suivant nous, l'ordonnance du 8 février dernier. En voyant des Français et des étrangers dépouillés par une simple ordonnance de leurs propriétés industrielles, on serait tenté de se demander si la confiscation est rétablie, et si l'article 14 de la charte de 1814 existe encore avec son odieuse ambiguité. Une ordonnance au surplus ne peut s'appuyer que sur une loi. Or, qu'on nous dise en vertu de quelle loi l'ordonnance du 8 février a été rendue. La citation du texte législatif eût été embarrassante, aussi a-t-on trouvé plus commode de s'en passer.

« L'ordonnance contient deux paragraphes : le premier comprend les noms des brevetés qui ont renoncé à leurs titres et ont refusé de payer la seconde moitié de la taxe. Le ministre leur a donné acte de leur renonciation, et a déclaré libres et tombés dans le domaine public les procédés pour lesquels ils avaient été brevetés; jusque-là, rien que de légal et de juste.

« Mais le second paragraphe annule pour défaut de paiement de la taxe *soixante-six* brevets auxquels les titulaires n'ont pas renoncé, et cela sans mise en demeure, sans jugement préalable, sans accomplir aucune des formalités que prescrit le droit commun. Existerait-il donc une loi qui ait pour but de soustraire au droit commun les brevetés, et de soumettre à l'administration la décision d'une question aussi importante? Nullement.

« Que porte en effet la loi de 1791, la seule applicable à la question? Titre III, art. 4 : « Si la soumission n'est point remplie au terme prescrit, le brevet qui a été « délivré sera de nul effet, l'exercice deviendra libre, et il en sera donné avis à « tous les départements par le directoire des brevets d'invention. »

« On ne voit rien là qui établisse la compétence de l'administration, tout est laissé dans le droit commun ; d'où il faut conclure que c'est aux tribunaux seuls à connaître de la déchéance des brevets pour non-paiement de la taxe, et que l'administration est sans droit comme sans qualité pour la prononcer. Vainement, à défaut d'articles de lois, exhumerait-on des cartons du ministère de l'intérieur une instruction ministérielle du 30 octobre 1813, renouvelée le 1er janvier 1817, et s'en prévaudrait-on pour défendre l'ordonnance que nous attaquons; cette instruction porte : « *La déchéance est prononcée suivant les cas par l'autorité* « *administrative et par l'autorité judiciaire. Le ministre de l'intérieur la pro-* « *nonce lorsque le breveté n'a pas acquitté la taxe dans les délais prescrits,* « *et lorsque l'inventeur, sans avoir justifié des causes de son retard, n'a pas mis* « *sa découverte en activité dans l'espace de deux ans.* »

« A cela nous répondrons avec M. Renouard que cette instruction, bien qu'elle se distribue dans les bureaux du ministère à toutes les personnes qui se présentent pour requérir des brevets, et qu'elle soit destinée à leur servir de guide, n'est point la loi, qu'elle n'a pas caractère pour enchaîner les tribunaux, et que dans aucun cas on ne peut s'en servir pour motiver une ordonnance.

« Mais, dira-t-on, les brevets sont délivrés par l'administration; ils sont donc des actes administratifs dont l'autorité administrative doit seule connaître. Cette objection n'aurait pas le moindre fondement. C'est ce que prouvent les nombreuses décisions des tribunaux et des cours qui ont annulé des brevets sans que l'autorité ait élevé un seul conflit. Mais pour ne laisser aucun doute à cet égard, nous invoquerons une opinion d'un grand poids, celle de M. Henrion de Pansey, qui dit, page 545, de la compétence des juges de paix : « L'action principale en « déchéance des brevets n'étant pas placée dans les attributions du juge de paix, « doit être portée devant les tribunaux ordinaires et non au conseil d''état; je « parle du conseil d'état, parce qu'une demande en déchéance tend à l'annula- « tion et au rapport d'un acte administratif. Mais cet acte, d'une nature toute « particulière, rendu sans examen, n'est ni une décision ni un jugement, et, ne « pouvant être refusé, ce n'est pas un acte libre : par conséquent, on peut le « juger sans contrevenir à la volonté du gouvernement, sans attenter à l'autorité « du pouvoir administratif.» Il faudrait être plus ministériel que les ministres euxmêmes pour ne pas convenir qu'un acte que le conseil d'état n'est pas appelé à juger, ne saurait être soumis à la décision d'un ministre.

« On insiste et l'on dit que le brevet n'est parfait et définitif qu'après que les droits ont été acquittés. La loi, en accordant un délai pour le paiement de la seconde moitié des droits, n'a eu en vue que de favoriser les inventeurs, mais elle n'a pas renoncé à ce que l'entier paiement fût une formalité indispensable jusqu'à l'accomplissement de laquelle le brevet n'a qu'une existence conditionnelle.

« Il faudrait savoir d'abord de quelle condition on entend parler. Ce ne peut être de la condition suspensive, puisque le certificat provisoire, délivré au moins trois mois avant l'échéance de l'obligation contractée pour le complément de la taxe, confère au breveté tous les droits que pourrait lui assurer le paiement intégral de cette taxe.

« Entend-on parler de la condition résolutoire, dont l'effet est de révoquer l'obligation et de remettre les choses au même état que si le contrat n'avait jamais existé? Alors il faudrait en conclure que le gouvernement devrait restituer les sommes déjà payées sur le montant de la taxe des brevets, aux termes de l'article 1183 du Code civil, qui porte : « La condition résolutoire ne suspend pas l'exé-

« cution de l'obligation , elle oblige seulement le créancier à restituer ce qu'il a
« reçu , dans le cas où l'événement prévu par la condition est arrivé. » Ajoutons
que la résolution n'a jamais lieu de plein droit et qu'elle doit être demandée en
justice.

« Mais enfin, dira-t-on, si le brevet n'est pas accordé sous une condition résolutoire, au moins contient-il implicitement une clause pénale , et c'est en vertu de
cette clause que les brevetés, qui ne font pas leur versement dans le temps fixé ,
encourent la déchéance.

« Pour répondre à ce dernier argument, dont on ne s'empare que parce que
l'on ne peut plus soutenir ceux que nous avons réfutés, il suffit d'ouvrir le Code
civil. Que dit l'article 1230 ? « Soit que l'obligation primitive contienne, soit
« qu'elle ne contienne pas un terme dans lequel elle doive être accomplie , la
« peine n'est encourue que lorsque celui qui s'est obligé soit à livrer, soit à
« prendre, soit à faire, est en demeure. » Que résulte-t-il de cet article ? Qu'il
faut mettre en demeure le débiteur ; c'est ce que le ministre ne fait pas. Conséquemment , la peine n'est pas encourue et les titres subsistent encore entre les
mains des brevetés en dépit de l'ordonnance d'annulation.

« M. Renouard, dans son *Traité des brevets* , sans vouloir se prononcer fran-
chement pour les principes que nous venons de professer, avait donné à l'administration le conseil fort sage de solliciter des jugements de déchéance avant de proclamer la nullité des brevets.

« M. Cochaud, ancien chef de bureau des brevets d'invention, dans son *Instruction théorique et pratique sur les brevets*, reconnait au ministre le droit de prononcer la déchéance des brevets à défaut de paiement de la taxe. Sans examiner
les motifs présentés par M. Renouard , il soumet à ses lumières la solution des
questions qui suivent : elles sont au nombre de trois, et nous les reproduisons avec
la réponse, qui n'est pas bien difficile à faire

« *Première question.* Un droit que l'administration exerce sans réclamations
« depuis plus de trente ans , ne lui appartient-il pas par l'usage constant qu'elle
« en a fait ? »

« *Réponse.* Non certainement ; aucun laps de temps ne peut valider ce qui est
nul dans son principe. *Quod nullum est ab initio tractu temporis convalescere
nequit.* Les actes arbitraires que le ministre a pu commettre, il y a deux , trois ,
cinq ou dix années, sont, à mon égard, *res inter alios acta*, et ne sauraient devenir une fin de non recevoir contre moi.

« *Deuxième question.* Les tribunaux qui , dans l'exécution des lois, ne peuvent
« user des ménagements qu'emploie le ministre du commerce , ne traiteraient-ils
« pas plus rigoureusement les brevetés qui font attendre le paiement de la seconde
« moitié de la taxe ? »

« *Réponse.* Le Code civil répond à cette question ; qu'on lise l'art. 1183 ; il
porte, troisième paragraphe : « La résolution doit être demandée en justice , et il
« peut être accordé au défendeur un délai selon les circonstances. »

« *Troisième question.* Quelle utilité y aurait-il à ce que l'administration fût

« occupée sans cesse à provoquer des jugements de déchéance auprès de tous les
« tribunaux du royaume, sur des faits de non-paiement qu'elle est elle-même
« plus en état de connaître et de constater, et à constituer le trésor en frais rui-
« neux que l'on évite par la marche actuelle? »

« *Réponse*. Cette objection prouverait tout au plus qu'il est plus aisé de trancher les questions par l'effet du bon plaisir ministériel que de suivre la loi et de
l'exécuter; elle prouverait que le régime constitutionnel n'a pas encore fait de
grands progrès, puisqu'on vient nous déclarer qu'on n'exécute pas la loi, parce
qu'elle offre quelques difficultés dans son application.

« Quoi qu'il en soit, il y a utilité à exécuter la loi. Le ministère n'ayant ni pouvoir ni qualité pour annuler les brevets, ne peut rendre libre l'exercice des industries brevetées; les brevetés sont toujours à temps, nonobstant les ordonnances
d'annulation, de faire le paiement de la seconde moitié de la taxe, car ils n'ont
pas été légalement mis en demeure, et l'ordonnance qui annule leurs titres est un
acte à la fois illégal et arbitraire. »

Réponse de M. Cochaud au Rédacteur.

« Monsieur,

« Au mois d'avril 1829 je publiai une instruction théorique et pratique sur les
lois qui régissent les brevets d'invention, de perfectionnement et d'importation,
sur le sens des dispositions qu'elles ont consacrées, et sur le mode de leur exécution, tant en ce qui concerne l'autorité administrative, qu'en ce qui est de la compétence de l'autorité judiciaire; j'attachais si peu d'importance à cet opuscule,
que je n'y mis pas mon nom, n'en ayant désigné l'auteur que par les titre et qualité
de chef du bureau des manufactures au ministère du commerce, place que je
remplissais alors. Vous voyez bien, monsieur, qu'il n'était pas entré ni dans mon
plan ni dans mes vues d'approfondir toutes les questions de la matière, dont quelques-unes sont très-graves, et que je n'avais fait en quelque sorte que les indiquer, en y joignant un précis très-sommaire des moyens qui peuvent ou doivent
les résoudre. Dans le nombre se trouve celle relative à la déchéance des brevets,
prononcée par le gouvernement, lorsque dans les six mois de leur délivrance il n'y
a pas eu paiement de la seconde partie de la taxe. Après avoir exposé à ce sujet
que le ministre traite les brevetés avec une bienveillance toute particulière, leur
accordant très-facilement des termes pour leur libération, ne leur donnant jamais
moins de deux ou trois avertissements avant de sévir contre eux, et ne provoquant
enfin la déclaration de la nullité de leurs titres et priviléges qu'à la suite d'un
an, de dix-huit mois, et souvent de deux années d'attente inutile, j'avais ajouté :

« Quelle que soit la modération avec laquelle l'administration exerce ce droit,
« il lui est contesté par quelques personnes qui le revendiquent en faveur de l'au
« torité judiciaire. M. Renouard, dans son excellent *Traité des brevets*, ne se

« prononce pas formellement pour cette opinion, mais insinue, pages 409 et 410
« de son ouvrage, que l'administration agirait avec plus d'exactitude et témoigne-
« rait plus de déférence envers les tribunaux, si elle se bornait à leur dénoncer le
« défaut de paiement des taxes, et à solliciter des jugements de déchéance avant
« de proclamer la nullité des brevets.

« Sans examiner les motifs qu'il présente, je soumettrai à ses lumières la
« solution des questions qui suivent. Un droit que l'administration exerce sans ré-
« clamations depuis plus de trente ans, ne lui appartient-il pas aujourd'hui par
« l'usage constant qu'elle en a fait? Les tribunaux, qui, dans l'exécution des lois,
« ne peuvent user des ménagements qu'emploie le ministre du commerce, ne
« traiteraient-ils pas plus rigoureusement les brevetés qui font attendre le paiement
« de la seconde partie de la taxe? Quelle utilité y aurait-il à ce que l'administra-
« tion fût occupée sans cesse à provoquer des jugements de déchéance de brevets
« auprès de tous les tribunaux du royaume, sur des faits de non-paiement qu'elle
« est elle-même plus en état de connaître et de constater? »

« Ainsi, M. Renouard inclinait seulement à penser qu'à l'autorité judiciaire
appartenait le droit de mettre en déchéance, sur la proposition du gouvernement, les brevetés qui n'ont pas soldé la taxe au temps prescrit, tandis que je
laissais au gouvernement lui-même l'exercice immédiat et exclusif de ce droit, sans
avoir développé les raisons qui me portaient à ne pas lui en contester la jouissance.

« Moins réservé et moins circonspect, M. *** vient d'embrasser avec chaleur,
dans votre feuille, un avis que l'honorable secrétaire-général du ministère de la
justice n'avait émis qu'avec hésitation et d'une manière dubitative. Non seulement
il soutient que les tribunaux ont seuls le pouvoir, dans le cas dont il s'agit, de
dépouiller de leurs droits les brevetés, mais il n'hésite pas à déclarer que le gouvernement a usurpé, à leur préjudice, une attribution que la loi lui refuse; il va
même jusqu'à dire que la dernière ordonnance rendue en cette matière était arbitraire et illégale, et que malgré ses dispositions, ceux qui étaient propriétaires des
brevets annulés peuvent s'en remettre en possession par le paiement de la seconde
partie de la taxe.

« Plus l'accusation a de gravité, plus la question qui l'a fait naître mérite d'être
examinée avec soin. Voyons d'abord le texte de la loi qui y est relatif.

« L'article 3, titre II de celle du 25 mai 1791, porte que le demandeur d'un
brevet pourra, en présentant sa demande, ne payer que la moitié de sa taxe, et
déposer sa soumission d'acquitter le reste de la somme dans le délai de six mois.
Il est expliqué, par l'article suivant, que si la soumission du breveté n'est pas
remplie au terme prescrit, le brevet qui lui aura été délivré sera de nul effet, que
l'exercice de son droit deviendra libre, et qu'il en sera donné avis à tous les départements par le directoire des brevets d'invention, que remplace aujourd'hui le
ministre des travaux publics et du commerce.

« Aucune autre disposition législative n'est applicable à l'objet qui m'occupe.
Or, en retournant dans tous les sens le texte que je viens de citer, y découvre-t-on

qu'il donne expressément à l'autorité judiciaire le droit d'annuler un brevet pour défaut de paiement de la seconde moitié de la taxe? Non. Le confère-t-il formellement à l'autorité administrative? Non, encore. Ni l'un ni l'autre pouvoir n'y est dénommé, et il n'est pas spécifié quel sera celui des deux qui agira par voie de déchéance contre le breveté en retard de satisfaire à son engagement. Que conclure de cette obscurité, ou plutôt de ce silence de la loi? Qu'il y a lieu de considérer le titre du breveté qui ne se libère pas de sa dette comme nul de plein droit, et par le seul fait de son non-paiement. C'est une conséquence qui a été tirée par plusieurs personnes. Leur opinion s'appuie sur d'assez bonnes raisons, mais elle ne s'est ralliée que peu de partisans, parce qu'elle est trop préjudiciable aux porteurs des brevets. Tout ce qu'on peut induire du rapprochement et de la combinaison des articles 3 et 4, titre II, de la loi du 25 mai 1791, c'est que la prescription finale contenue dans le quatrième article, chargeant l'autorité administrative de donner publiquement avis des brevets qui tombent en déchéance, faute de paiement de la dernière partie de la taxe, sans en faire auparavant déclarer l'annulation par les tribunaux, l'a implicitement saisie du droit de prononcer elle-même cette déchéance, ou au moins par l'intervention du chef suprême du pouvoir exécutif. Qui veut la fin, veut les moyens; et celui qui marche vers un but suit presque toujours, pour l'atteindre, la route qui y mène le plus directement.

« Il est à regretter que cette induction ne se soit présentée à l'esprit de l'auteur de l'article auquel je réponds. Il n'aurait pas laissé sortir de sa plume une accusation fondée uniquement sur quelques observations de M. Renouard, qui ne les avait faites qu'en hésitant, sans en former une opinion fixe et décidément arrêtée. Suffisaient-elles pour proclamer que le gouvernement usurpe un droit qui, légalement, ne lui appartient pas, tandis que la loi ne l'en prive pas plus qu'elle ne le lui accorde d'une manière littérale, expresse et formelle? L'accusateur le pensera d'autant moins, qu'il a mis en fait ce qui est en question, et qu'il a tranché la question par la question elle-même.

« Supposons toutefois, avec lui, qu'il y a eu de la part du gouvernement usurpation primitive à déclarer des brevets en déchéance pour non-paiement de la totalité de la taxe, comment démontre-t-il que cette usurpation doit cesser actuellement? Par un axiome de droit privé applicable seulement aux titres concernant une propriété quelconque, ou à d'autres actes particuliers produits dans des contestations judiciaires, et non à l'obscurité d'une disposition législative; axiome dont le sens est que ce qui était vicieux dans l'origine n'a point pu acquérir de force par la succession des temps. En plaçant la discussion sur ce terrain, M. *** n'a pas senti qu'il s'exposait à être battu par ses propres armes. En effet, j'écarte son axiome par une maxime prise également dans le Code civil, suivant laquelle celui qui possède devient, avec le temps, véritable propriétaire; et j'en conclus que, si le gouvernement a commencé par être usurpateur il y a quarante ans, son usurpation est présentement changée en titre réel et incontestable.

« Faut-il établir avec plus d'évidence que l'axiome invoqué est inapplicable aux actes législatifs? Essayons d'en faire l'application à cette foule de décrets impériaux qui ont altéré les lois, y ont dérogé, les ont modifiées quelquefois sous des rapports très-importants, et y ont souvent introduit des dispositions nouvelles. Il est bien reconnu que, dans le principe, ces actes étaient frappés d'un vice radical, parce que celui qui les avait rendus n'était pas investi de la plénitude du pouvoir législatif. Le temps, suivant votre maxime, n'en aurait pas changé la nature, il ne les aurait pas corroborés, et on devrait les considérer actuellement tels qu'ils étaient lors de leur promulgation, sans force ni vigueur. Cependant les cours, les tribunaux et la cour de cassation elle-même s'y soumettent et en commandent l'obéissance; ils sont devenus de véritables lois, et le système opposé, qui est le vôtre, porterait des perturbations épouvantables dans presque toutes les branches de la législation.

« C'est par d'autres principes de droit que la question est à discuter et à résoudre. Quels sont ces principes, me demandez-vous ? Ceux auxquels les juges ont recours journellement. Lorsqu'une loi est obscure, ambiguë dans ses termes, incomplète, insuffisante, etc., ils en examinent l'esprit; ils recherchent l'intention du législateur qui l'a portée; ils considèrent principalement l'usage suivi pour son exécution, l'usage, qui, au dire de tous les jurisconsultes, est le meilleur interprète du sens et de la teneur des lois.

« Examinons l'esprit général de la législation sur les brevets. Quel est-il ? De favoriser les inventions autant que possible. Le système que je défends est bien en leur faveur; s'ils n'ont pas de quoi payer, au terme prescrit, la seconde partie de la taxe de leurs brevets, le ministre accorde bénévolement six mois, une année, et même de plus longs délais, pour acquitter leur dette. Votre système à vous leur serait-il aussi favorable? Non, certes. Les tribunaux ne pourraient pas user de la même condescendance, et il y aurait beaucoup plus de déchéances de brevets pour défaut de paiement de la totalité de la taxe. Mon opinion entre donc plus que la vôtre dans l'esprit des lois des 7 janvier et 25 mai 1791.

« Si nous recherchons d'un autre côté l'intention des législateurs qui ont rendu ces lois, il ne nous est pas difficile de reconnaître qu'ils ont voulu établir, pour le recouvrement de la taxe des brevets d'invention, une marche simple et dégagée de tous frais de poursuite. Ainsi, lorsqu'un breveté n'acquitte pas sa soumission dans les six mois de sa date, il n'y a à faire ni commandement, ni protêt; la seule peine à prononcer contre lui est la déchéance de son titre. Et vous prétendriez que, pour déclarer cette déchéance, il devrait y avoir assignation, jugement, signification de jugement, etc.! Ce serait altérer la simplicité de la marche prescrite; ce serait la compliquer horriblement : sur qui d'ailleurs tomberaient les frais? Sur les brevetés, qui sont déjà assez malheureux de ne pouvoir satisfaire à leurs engagements, sans que vous aggraviez encore leur détresse par les frais d'une procédure inutile? Sur le trésor? C'est une absurdité. Le gouvernement paierait les frais, lui qui aurait raison et gain de cause ! Autant vaudrait dire qu'un plaideur supportera les dépens toutes les fois qu'il gagnera son procès.

« Au-dessus de ces considérations s'élève et domine un usage bien respectable, puisqu'il remonte à plus de quarante ans. C'est déjà une forte présomption qu'il n'est pas contraire à la loi. Ajoutons qu'il a été suivi constamment, invariablement, sans aucune réclamation, ni de la part des tribunaux, ni de la part des brevetés mis en déchéance faute d'avoir payé la totalité de la taxe, et on ne doutera plus qu'il ne soit parfaitement légal. Citez une seule décision judiciaire qui, dans ce cas, ait annulé des brevets; il n'en existe point. Faites connaître des brevetés déchus qui aient réclamé dans le même cas; jusqu'à présent il ne s'en est pas présenté, quoiqu'on puisse en porter le nombre à près de trois cents.

« Tout se réunit donc pour prouver qu'il n'appartient qu'au gouvernement d'annuler ou révoquer les brevets dont les titulaires n'acquittent pas la seconde partie de la taxe : un usage constant, invariable, paisiblement observé depuis l'émission des lois de 1791, sans qu'il ait excité ni réclamations ni plaintes; l'intention manifeste des législateurs par qui ces lois ont été rendues, l'esprit qui les a animés, et l'induction qui se tire de la combinaison des art. 3 et 4, titre II, de la seconde des mêmes lois. En conséquence, c'est bien à tort que l'administration, qui n'exerce qu'un droit inhérent à ses attributions et qu'aucune des parties intéressées ne revendique, est accusée de faire de l'arbitraire et de sortir des voies de la légalité. »

Aux époques où ont paru les deux premières éditions de ce Manuel, nous n'avions pu nous procurer que le premier article de la *Gazette de l'Industrie*, et la réponse de M. Cochaud; nous donnons aujourd'hui la réplique de la *Gazette de l'Industrie*, que nous devons à l'obligeance d'un de nos clients.

RÉPLIQUE DE LA GAZETTE DE L'INDUSTRIE.

Nous pensions avoir amplement démontré l'illégalité et l'inconstitutionnalité de l'ordonnance qui a annulé soixante-six brevets, sans mise à demeure préalable, sur le seul motif du défaut de paiement de la taxe. M. Cochaud, que nous n'avons pas eu le bonheur de convaincre, a cru devoir combattre nos arguments; il nous a mis, par cela même, dans la nécessité de les défendre et de revenir sur une question dont le bon sens de nos lecteurs avait déjà fait justice.

Nous poserons trois grands principes, dont l'application servira à trancher toutes les difficultés de la matière.

1° Les brevets, quoique délivrés par l'administration, ne sont pas des actes administratifs; par conséquent, ce n'est pas l'administration qui doit connaître des questions y relatives : ce principe ne nous a pas été contesté ; nous l'avons développé dans notre premier article , nous ne ferons , par conséquent , que le rappeler ici.

2° Dans notre législation actuelle, il n'existe pas de nullité de plein droit; aucun acte ne peut être annulé si ce n'est par le juge; c'est un axiome d'une vérité si incontestable, qu'il suffit de l'énoncer.

3° Nul ne peut être jugé que par des tribunaux établis par les lois, ou, comme le dit la charte, article 53 : « Nul ne pourra être distrait de ses juges naturels.» Article 54 : « Il ne pourra , en conséquence, être créé de commissions et tribu-« naux extraordinaires, à quelque titre et sous quelque dénomination que ce « puisse être. »

Que devient, contre ces grands principes d'incontestable vérité, l'échafaudage des arguments de M. Cochaud? Il s'écroule en un instant, sapé par sa base.

Mais, dira M. Cochaud, la décision du ministre n'est pas un jugement de tribunal d'exception. La seule différence que j'y vois , c'est que le jugement rendu par le ministre est prononcé sans y appeler celui qu'il dépouille, et que, dans les tribunaux extraordinaires, les parties sont au moins appelées, entendues.

Comment, dès lors, justifier une mesure qui froisse ainsi les droits sacrés de la propriété et de la justice? Qui osera en prendre défense ?

M. Cochaud n'a pas reculé devant cette tâche ; il y a du courage à se charger des entreprises désespérées. M. Cochaud convient que la loi n'attribue pas formellement à l'administration le droit d'annuler un brevet pour défaut de paiement de la taxe ; mais qu'en conclut-il ? Que ce droit ne lui est pas enlevé parce que la loi est muette, et qu'il faut chercher d'autres raisons de s'y décider ; comme si une compétence pouvait résulter d'inductions, et si un texte formel n'était pas nécessaire pour changer la juridiction des tribunaux.

Mais, dit M. Cochaud, *qui veut la fin veut les moyens. Celui qui marche vers un but , suit presque toujours, pour l'atteindre, la route qui y mène le plus directement ; donc l'autorité administrative, qui est chargée de publier les brevets tombés en déchéance, a été, par cela même, chargée de prononcer cette déchéance par elle-même, ou au moins par l'intervention du chef suprême du pouvoir exécutif.*

Autant vaudrait-il dire : L'administration étant chargée de publier les lois, est, par cela même, chargée de les faire ; car qui veut la fin veut les moyens. Ce raisonnement est de la même force que le précédent.

« *Mais*, ajoute M. Cochaud, *le gouvernement ayant joui de ce droit pendant quarante ans , en supposant qu'il y ait eu usurpation dans l'origine ; cette usurpation s'est convertie par la succession du temps en droit réel et incontestable.* » A cela, il est aisé de répondre : Le droit du gouvernement n'a été que de pure tolérance de la part des brevetés, et ce droit ne peut servir de fondement à la prescription ; de plus, il y a eu violence de la part de l'administration, en dépouillant arbitrairement les brevetés de leur propriété industrielle, et la violence, quelque longue que soit sa durée, ne peut servir de base à la prescription.

Mais cette prescription elle-même, en supposant pour un instant qu'on puisse l'invoquer, comment l'entendre? Il faut qu'elle ait couru contre les mêmes personnes, pour le même objet, et pendant trente ans. Rien de tout cela n'a eu lieu, relativement aux brevets dont la déchéance vient d'être prononcée. Quelle atteinte, d'ailleurs, peut porter à mon droit la négligence qu'ont mise à défendre les leurs, tous les brevetés depuis quarante ans? Conçoit-on rien de plus étrange que de prétendre que, par cela même que, depuis quarante ans, les ministres ont violé la loi à l'égard des brevetés, ils se sont, par cela même, acquis le droit de la violer à mon égard? Comment élever par là une fin de non-recevoir contre moi qui n'étais pas en cause, contre qui l'on n'a pu prescrire, puisqu'à cette époque j'étais sans droit?

Mais, dit-on, l'empereur a souvent mis sa propre volonté à la place des lois, ses décrets en ont changé beaucoup de dispositions, en ont abrogé d'autres, et cependant on les exécute; les cours royales, et la cour de cassation elle-même, en ont fait l'application. J'en conviens, le désordre des pouvoirs et leurs empiètements ont été si fréquents, à diverses époques, que l'on a jugé nécessaire d'obéir aux décrets rendus par usurpation sur le pouvoir législatif, jusqu'à la promulgation de la charte octroyée. Mais qu'est-ce que cela fait à la question qui nous occupe? Quel intérêt y ont les brevetés de l'époque antérieure à 1814, dont les titres sont expirés depuis long-temps? et surtout quelle conséquence en tirer pour valider l'ordonnance du 8 février dernier?

« *Mais, ajoute-t-on, lorsque la loi est obscure, ambiguë dans ses termes, incomplète, insuffisante, les juges en examinent l'esprit, et cherchent à se pénétrer de l'intention du législateur.* » Cela est vrai; mais aussi quand une loi spéciale est muette relativement à son mode d'exécution, on rentre dans le droit commun, qui règle tout ce que la loi spéciale a laissé à désirer.

A défaut d'arguments, M. Cochaud fait valoir des considérations; le système actuel est plus favorable aux brevetés. « *S'ils n'ont pas de quoi payer, au terme prescrit, la seconde moitié de la taxe de leurs brevets, le ministre accorde bénévolement six mois, une année, et même de plus longs délais pour se libérer.* » C'est possible, l'administration y met beaucoup de bienveillance; mais cette facilité, fût-elle accordée indistinctement à tout le monde par le ministre actuel, pourrait être refusée par son successeur, parce qu'elle ne se trouve pas écrite dans la loi; et alors les brevetés ne tarderaient pas à regretter la juridiction des tribunaux. La loi, ce grand niveau qui pèse également sur tout le monde, est seule exempte de partialité, elle est la même pour tous et en tout temps : c'est par la loi, par la loi seule, que l'industrie devrait être régie, et elle ne regretterait pas des utopies illégales.

« *Faut-il donc des protêts, s'écrie M. Cochaud, des commandements? Ce serait altérer la simplicité de la marche actuelle, ce serait la compliquer horriblement.* » Il est vrai que la marche actuelle est plus simple. L'arbitraire, qui met sa volonté à la place de la loi, est bien dégagé de son allure : malheureusement pour les partisans de l'arbitraire, il ne réussit pas en France. Demandez à Charles X si l'on trouve toujours des tribunaux pour le consacrer, des soldats pour l'appuyer, des citoyens pour le souffrir !

« *Et les frais, qui les paierait ? Seraient-ce les brevetés ? Mais ils ne peuvent acquitter leur obligation. Est-ce le trésor ? Absurdité !* » Absurdité, soit ; mais pas plus grande que celle que commettent les percepteurs, qui font des frais contre les retardataires, frais qui souvent retombent sur le trésor par l'insolvabilité du contribuable. Si ce système est absurde, renoncez-y, je le veux bien ; mais n'établissez pas, à l'égard des brevetés, une exception écrite dans aucune loi. Le breveté a droit au bénéfice de la loi, comme toute autre personne, et il a assez de fierté pour repousser des ménagements que l'on prétend attribuer à la pitié.

Ainsi se trouvent réduits à leur juste valeur les arguments dont M. Cochaud a essayé de défendre l'ordonnance du 8 février. Qu'on ne vienne donc plus arguer du long laps de temps que le pouvoir est engagé dans cette route illégale, pour présenter cet usage comme respectable : jamais ce qui est hors la loi et contre la loi ne le sera pour nous ; jamais on ne pourra, aux yeux de la saine raison, s'appuyer d'un acte arbitraire, qui a duré quarante ans, pour justifier un acte arbitraire commis hier. Mais de ces quarante années que l'on invoque, combien faudrait-il en retrancher, de l'aveu même de M. Cochaud, si l'on voulait appliquer toutes les mesures arbitraires qui les ont flétries ? Sans doute il ne s'appuierait pas des premières années de la révolution, que tant de crimes ont souillées, ni de la domination de l'empereur, qui n'a rétabli l'ordre qu'en comprimant avec sa main de fer tous les partis, toutes les opinions, et qui n'a remplacé une dévorante anarchie que par un abrutissant despotisme.

Reste donc la restauration : mais, pendant ce laps de temps, combien de lois violées ouvertement et en secret ! Que de fraudes administratives, que d'injustices commises, que de droits méconnus !

Permis à l'auteur de l'article auquel nous répondons, de s'appuyer sur de tels précédents, et de sourire de pitié de ce qu'avec une bonne foi, bien ingénue sans doute, nous ayons cru que le gouvernement de Louis-Philippe devait commencer une ère nouvelle de justice et de légalité. Permis à lui de nous déclarer que l'administration actuelle ne forme que la continuation des ministères qui ont gouverné la France depuis quarante ans, et que la révolution de juillet n'a rien fait pour assurer le règne des lois. Reste à savoir si l'administration qui nous régit acceptera cette dangereuse solidarité, et si elle aura bien lieu de remercier le zèle officieux de son défenseur.

CHAPITRE IV.

SECTION PREMIÈRE.

DURÉE DES BREVETS.

Le pétitionnaire fixe lui-même le nombre d'années pour lequel il désire obtenir un brevet, au moment où la demande est enregistrée à la préfecture. Il peut à son gré choisir le terme de cinq, dix ou quinze ans, selon l'importance de l'invention et le temps nécessaire pour l'exploiter.

Il lui est loisible, pendant l'intervalle qui s'écoule entre le dépôt et la délivrance du brevet, d'étendre la durée par lui choisie : c'est une facilité qui n'est pas écrite dans la loi, et qu'il doit à la bienveillance de l'administration. Mais aussitôt que le certificat est expédié par le bureau des brevets, et revêtu de la signature du ministre, la durée du brevet est invariablement fixée, et aucun changement ne peut plus avoir lieu, si ce n'est de la manière prescrite pour la prolongation des brevets accordés.

SECTION II.

DURÉE DES BREVETS D'INVENTION, DE PERFECTIONNEMENT, OU D'INVENTION ET DE PERFECTIONNEMENT.

—

Ces brevets sont accordés pour cinq, dix ou quinze années.

Des brevets qui n'ont que cinq ans de durée ne peuvent presque jamais rembourser au breveté les frais par lui faits. Deux ans sont nécessaires pour former un établissement, pour fabriquer un article nouveau, le faire apprécier du public et le répandre dans le commerce. Quelque grand que soit le succès, les profits des trois dernières années peuvent à peine indemniser l'inventeur de la mise de fonds et de la perte du temps employé.

D'un autre côté, si le breveté veut disposer de son brevet, quelque bonne que soit l'invention, il trouvera peu de personnes qui consentent à en faire l'acquisition, en raison du court espace de temps pour lequel ce privilége est obtenu. Des personnes à qui l'on offrirait de céder les procédés, même les plus avantageux, qui ne seraient garantis que par un brevet de cinq ans, ne voudraient pas faire de sacrifices pécuniaires pour l'application de méthodes qui doivent si prochainement tomber dans le domaine public.

Les seuls brevets que l'on puisse prendre avec avantage pour cinq ans sont ceux se rapportant à un produit nouveau soumis aux caprices de la mode, ou qu'on puisse fabriquer par grandes quantités. Car la faveur de la mode est tellement passagère, qu'un privilége de cinq ans est plus que suffisant, et à l'égard des produits qu'on peut fabriquer par masses, Paris, la province et l'étranger peuvent en être tellement inondés dans quelques mois que la concurrence devienne impossible.

Mais hors les cas ci-dessus, qui sont exceptionnels, la durée de dix ou de quinze années est plus susceptible d'offrir des bénéfices au breveté.

Les brevets subsistent dans les mains des brevetés jusqu'à l'époque fixée pour leur expiration, à moins qu'ils ne soient annulés par jugement, et faute par les titulaires d'avoir accompli les conditions nécessaires à leur préservation.

SECTION III.

DURÉE DES BREVETS D'IMPORTATION.

Les brevets d'importation avaient été assimilés aux brevets d'invention par un décret de l'empereur Napoléon, en date du 13 août 1810. Il dispose ainsi qu'il suit :

« Voulant mettre en harmonie les articles 3 et 9 de « la loi du 7 janvier 1791, dont l'un décide que l'im-« portateur en France d'une découverte étrangère « jouira des mêmes avantages que s'il en était l'auteur ; « et l'autre, que la durée de cette jouissance ne pourra

« s'étendre au-delà du terme fixé, dans l'étranger, à
« l'exercice du droit de premier inventeur ;

« Notre conseil d'état entendu, nous avons décrété
« et décrétons ce qui suit :

« La durée des brevets d'importation sera la même
« que celle des brevets d'invention et de perfection-
« nement. Tout particulier qui aura le premier ap-
« porté en France une découverte étrangère est, en
« conséquence, libre de prendre des brevets de cinq,
« dix ou quinze ans, à son choix, en se conformant aux
« dispositions prescrites par les lois des 7 janvier et
« 25 mai 1791. »

Ce décret avait pour objet spécial d'établir d'une manière plus ferme les droits des importateurs ; mais par une négligence impardonnable, il n'a jamais été publié légalement, c'est-à-dire qu'il n'a pas été inséré dans le *Bulletin des Lois*. Il résulte de ce défaut de forme que ce décret est radicalement nul, et il a été prononcé tel par décision de la cour de cassation. Ce décret est d'ailleurs entaché d'un vice d'inconstitution-nalité qui devrait suffire pour le rendre nul, car il modifie des dispositions d'une loi, et il est de principe qu'aucune loi ne peut être changée ni rapportée que par les pouvoirs dont le concours est nécessaire pour la confection des lois. Mais ce vice de forme n'empêche-rait pas que le décret, s'il avait été légalement publié, ne reçût aujourd'hui son application, et ne fût consi-déré comme ayant force de loi, car, ainsi que nous l'avons vu précédemment, les empiètements du pou-voir exécutif sur le pouvoir législatif ont été tellement nombreux sous l'empire, que, pour prévenir une perturbation générale dans l'administration de la justice, et pour ne pas créer une lacune immense dans la législation, l'on est convenu de regarder comme obligatoires, et comme ayant force de loi, tous les décrets de l'empereur Napoléon antérieurs à 1814, pourvu qu'ils aient été légalement publiés.

Le décret ci-dessus étant considéré comme non-avenu, les lois sur les brevets, des 7 janvier et 25 mai 1791, doivent recevoir leur application relativement aux brevets d'importation.

Aux termes de ces lois, les brevets d'importation ne peuvent pas s'étendre en France au-delà du temps fixé pour la durée du privilége dans les pays d'où l'invention est importée.

De sorte que si une invention brevetée à l'étranger pour cinq ans seulement, était introduite en France sous la protection d'un brevet d'importation de dix ou quinze ans, les tribunaux français devraient réduire la durée du brevet français au nombre d'années qui resteraient à courir sur le brevet étranger dans le pays où il a été pris.

Car telle est la loi. En dépit de son texte formel, le gouvernement, pour qui le décret de 1810 conserve force de loi, malgré les vices que nous avons signalés, n'en continue pas moins à délivrer des brevets d'importation pour cinq, dix ou quinze ans, sans avoir égard à la durée du brevet étranger. Il ne fait aucune distinction entre les brevets d'importation et les autres espèces de brevets, et se conforme scrupuleusement aux dispositions du décret de 1810, dont nous avons démontré la nullité. Il en résulte qu'en accordant des brevets d'importation pour quinze ans, sans avoir égard à la durée du brevet étranger, le gouvernement assume un droit qu'aucun texte législatif ne lui a attribué. D'un autre côté, les brevets d'importation ainsi accordés présentent bien peu de garantie pour les inventions qu'ils sont destinés à protéger, puisque le texte de la loi leur est évidemment contraire.

Si la difficulté ne pouvait être levée en aucune manière, ce serait un coup fatal porté aux brevets d'importation, qui seraient naturellement considérés comme des titres très-précaires. Mais la demande peut être formée et la description rédigée de manière à rendre l'invention importée indépendante du brevet étranger.

C'est un point très-important et sur lequel les conseils d'un homme de loi versé dans la matière sont on ne peut plus nécessaires.

Ici peut se présenter une difficulté d'un genre nouveau, et qu'aucun des procès auxquels les brevets ont donné lieu depuis quarante ans n'a encore soulevée.

Supposons un brevet d'importation accordé pour quinze ans par le gouvernement, qui reçoit la taxe telle qu'elle est fixée pour quinze ans. Sur procès il est prouvé que le brevet n'a plus que trois ans à courir dans le pays d'où l'invention est importée ; les tribunaux juges de la contestation réduiront la durée du brevet français au terme de trois ans, qui restent encore au privilége accordé en pays étranger.

Jusque-là tout est clair ; mais le breveté qui a payé une taxe entière pour le terme de quinze ans, n'a-t-il pas le droit de réclamer la restitution de la partie de la somme qui excède la taxe de cinq années, qui est la moindre taxe à laquelle un brevet d'aucune espèce soit soumis ? Nul doute qu'il n'ait ce droit, et que le gouvernement ne soit tenu de rendre l'excédant par lui indûment perçu.

Car, aux termes de la loi des 7 janvier et 25 mai 1791, le brevet d'importation devant être fixé, quant à sa durée légale en France, par le nombre d'années de jouissance auxquelles le breveté étranger avait droit dans son pays pour la même invention, le gouvernement, en accordant un brevet d'importation pour le terme de quinze années, a reçu le prix d'un privilége qu'il n'avait pas le droit d'accorder, et qui ne peut être maintenu, quant à sa durée; il y a donc nécessité de restitution de la part du gouvernement par le fait seul de la réduction du nombre d'années pour lesquelles la concession de privilége avait été faite.

SECTION IV.

DATE DES BREVETS.

A partir du jour où le certificat provisoire est signé par le ministre, les droits des brevetés prennent naissance. Les années de jouissance commencent à la même époque. Ces droits sont garantis d'une manière aussi efficace par le certificat provisoire que par l'ordonnance royale qui le confirme.

Avec le certificat, le breveté peut poursuivre ceux

qui contrefont son invention, obtenir des jugements et condamnations contre eux, transiger sur les dommages résultant de la contrefaçon, compromettre. Il peut s'associer pour l'exploitation du privilége, transporter ses droits en tout ou en partie, et enfin user de son privilége d'une manière aussi complète et aussi efficace que si le brevet était confirmé par la sanction royale ; car le certificat de demande ayant été une fois accordé, ni le ministre, ni aucune autre personne ne peut refuser l'ordonnance de confirmation, ni s'opposer à sa délivrance. Cette ratification n'est que de pure forme. C'est le certificat de demande qui constitue tout le brevet, et si on l'appelle provisoire, ce n'est que par respect pour le chef de l'état, au nom de qui les brevets sont proclamés.

SECTION V.

DE LA PROLONGATION DES BREVETS.

Les brevets sont très-rarement prolongés en France, et seulement dans des cas qui font exception. Durant quarante-huit années, qui se sont écoulées depuis la promulgation de la loi des brevets, plus de huit mille brevets ont été accordés, et les prolongations ne s'élèvent pas à plus de quarante, dont quatre ont eu lieu sous l'empire, et le reste depuis la restauration jusqu'à ce jour.

On distingue deux espèces de prolongations : la première dans les limites de quinze ans, la seconde au delà de quinze ans.

§ Ier.

DE LA PROLONGATION DANS LES LIMITES DE QUINZE ANS.

—

Le ministre, qui a dans ses attributions la délivrance des brevets, est investi du droit de prolonger les brevets dans les limites de quinze ans, sans avoir recours à l'autorité législative. Ce droit, quoiqu'il ne soit pas écrit dans le texte de la loi, ressort évidemment de son esprit. En effet, il est tout naturel que le ministre, qui n'a pas épuisé par la concession faite au breveté le nombre d'années pour lequel la loi l'autorise à accorder des brevets, puisse, par une concession subséquente, compléter le terme le plus long pour lequel les brevets puissent être accordés. Mais le ministre est très-avare de ces prolongations. Elles sont si rarement accordées, qu'il est presque impossible de réussir dans une demande de ce genre. Le ministre est le juge suprême de la question, et soit qu'il refuse ou qu'il accorde la prolongation, sa décision est sans appel et en dernier ressort.

La prolongation dans les limites de quinze ans semblerait devoir être de droit. En effet, l'impétrant, à l'époque où il a fait sa demande, aurait pu s'assurer un privilége pour le terme le plus long, c'est-à-dire pour quinze ans ; il serait donc tout naturel de permettre à celui qui s'est fait breveter pour un temps plus court, d'étendre son privilége jusqu'à l'extrême limite fixée par la loi. Telle serait la conséquence à laquelle on devrait arriver, si l'on ne considérait que les intérêts des brevetés ; mais comme les brevets confèrent une espèce de monopole à ceux qui en sont titulaires , et comme tout monopole, même temporaire, est une atteinte portée à la liberté de tous , qu'elle n'est admise que comme une exception au droit commun , on doit exiger l'accomplissement rigoureux des conditions auxquelles s'est soumis le breveté. En effet, il y a eu contrat entre l'inventeur et le public. Le premier a demandé un brevet de cinq ou de dix ans , et s'est engagé à révéler fidèlement son secret, dont il a abandonné la jouissance au public après le délai qu'il a stipulé lui-même. Le privilége a été accordé , le temps de jouissance est expiré ; le gouvernement a tenu ses engagements, le breveté n'a plus qu'à tenir les siens ; il n'a plus rien à réclamer, et son secret appartient désormais au public, qui lui en a payé le prix d'avance.

Ce qui rend le gouvernement si difficile en matière de prolongations, c'est qu'on ne les demande que pour des inventions importantes que le public a intérêt à mettre immédiatement en pratique. Les prolongations sont nuisibles au commerce et à l'industrie , parce qu'elles paralysent les entreprises et les spéculations , en forçant le public à différer l'emploi de procédés avantageux , à une époque où tout le mon.e avait de justes raisons de croire que ce genre d'industrie deviendrait complètement libre.

La taxe que le ministre fait payer pour une prolongation de cinq ans est de 600 francs, conformément au tarif de la loi de janvier et mai 1791 ; du moins, c'est cette loi que l'on invoque toujours dans les concessions de prolongations. Ce tarif, malheureusement, ne s'applique qu'aux prolongations qui ont lieu par une loi, et au-delà du terme de quinze ans. Ce qui prouve que l'on a tort d'en faire l'application au cas d'une prolongation par ordonnance, c'est qu'il en résulte une surtaxe pour les brevets de cinq ans portés à dix, et une réduction dans ceux de cinq ans et de dix ans à porter à quinze ans, anomalie qui ne peut exister dans la loi.

En effet, la taxe d'un brevet de cinq ans est de 300 francs, prolongation jusqu'à dix ans, 600 fr. ; total : 900 fr. La taxe d'un brevet demandé pour dix ans est de 800 fr. Il y a au contraire réduction dans le cas d'un brevet de dix ans porté à quinze ans. Taxe d'un brevet de dix ans, 800 fr. ; prolongation jusqu'à quinze ans, 600 fr. Total, 1,400 fr. La taxe d'un brevet de quinze ans est de 1,500 fr.

Mais la différence est encore plus sensible si la prolongation a lieu à l'égard d'un brevet de cinq ans porté à quinze ; alors le brevet, avec la taxe de prolongation, ne coûte plus que 900 francs, tandis qu'il aurait coûté 1,500 fr. pour prendre de suite un brevet de quinze ans.

Un résultat pareil ne donne-t-il pas la preuve que la loi est mal appliquée par l'administration, et que celle-ci ne doit réclamer, en cas de prolongation accordée, que la différence entre la taxe du brevet primitif et la taxe fixée par le nombre d'années auquel le brevet se trouve ainsi porté. Soit un brevet de cinq ans porté à dix , la taxe de prolongation doit être de 500 fr. ; pour un brevet de dix ans porté à quinze , le droit de prolongation est de 700 fr ; ainsi que cela a lieu pour les prolongations demandées avant la signature du brevet , comme nous l'avons vu ci-devant (1).

La prolongation est accordée par ordonnance du roi, rendue sur le rapport du ministre du commerce , et insérée au *Bulletin des Lois.*

Les tribunaux civils sont compétents pour régler, dans les questions qui leur sont soumises, l'effet des prolongations accordées dans les limites de quinze ans par l'autorité administrative, mais ils ne peuvent critiquer la légalité de ces prolongations (2).

Relativement aux prolongations, il est un point important sur lequel la cour royale de Paris a prononcé; c'est qu'aucune prolongation accordée à un brevet d'origine ne peut nuire aux droits acquis aux titulaires de brevets de perfectionnement.

Ainsi, le propriétaire d'un brevet de perfectionnement, pris sur une industrie déjà brevetée en faveur d'un autre, a droit de jouir de son brevet de perfectionnement, quoiqu'une ordonnance royale ait prorogé le

---

(1) Depuis la première édition de cet ouvrage, publié en 1834 , l'administration a cru devoir régler le montant de la taxe à payer pour prolongation de brevets, d'après les bases que nous avons posées. Elle ne réclame plus , en cas de prolongation , que la somme complémentaire entre la taxe du brevet primitif et celle fixée pour le nombre d'années auquel le brevet se trouve ainsi prorogé.

(2) Cour royale de Paris, 10 octobre 1832.

brevet primitif au-delà du terme fixé dans l'origine, et quoique l'ordonnance de prolongation porte que le brevet d'invention conservera toute sa force jusqu'à l'époque déterminée par la dite ordonnance (1).

On a vu qu'on ne peut, par un brevet de perfectionnement, s'emparer d'une invention déjà brevetée en faveur d'une autre personne; tout le droit, conféré dans ce cas à un breveté de perfectionnement, consiste à attacher ses perfectionnements aux produits fabriqués par l'inventeur primitif. Mais si le brevet de perfectionnement est d'une plus longue durée que le brevet d'origine, dès que la chose est tombée dans le domaine public, le perfectionneur peut exécuter, comme tout autre, l'invention primitive, puisque l'exercice en est libre. Dans cette position, on se demandait si la prolongation accordée par le ministre devait empêcher le breveté de perfectionnement de fabriquer l'invention primitive, après l'expiration du terme pour lequel le premier brevet avait été accordé. La cour royale de Paris a décidé que dans ce cas la prolongation ne porterait pas préjudice aux brevetés de perfectionnements, pour qui seuls elle serait considérée comme non avenue.

(1) Cour royale de Paris, 10 octobre 1832.

§ 2.

DES PROLONGATIONS AU-DELA DE QUINZE ANS.

La loi du 25 mai 1791 indique, titre II, article 8, dans quels cas et de quelle manière de pareilles prolongations peuvent être accordées. Cet article dispose ainsi qu'il suit : « Les prolongations de brevets qui, « dans des cas très-rares et pour des raisons majeures, « pourront être accordées par le corps législatif, seu-« lement pendant la durée de la législature, seront « enregistrées dans un registre particulier au direc-« toire des inventions, qui sera tenu de donner con-« naissance de cet enregistrement aux différents dé-« partements et tribunaux du royaume. »

Il résulte de ce qui précède qu'aucune prolongation au-delà de quinze ans ne peut-être accordée que par une loi ; qu'elle ne peut l'être que pendant la durée de la législature, c'est-à-dire pour un terme de cinq ans au plus ; que l'acte qui concède une pareille extension de terme doit être publié dans la forme des lois et inséré au *Bulletin des Lois*. Il n'y a qu'un seul exemple de prolongation au-delà du terme de quinze ans ; et elle fut accordée par un décret de l'empereur, en date du 17 janvier 1814 ; cette prolongation, attaquée en 1820, fut déclarée valable par la cour de cassation.

La confusion des pouvoirs, sous l'empire, a été si

grande , et les empiètements de l'autorité exécutive sur les attributions de l'autorité législative ont été si nombreux , que la législation et la jurisprudence se sont accordées pour considérer comme valables et obligatoires tous les décrets de l'empereur qui ont été légalement publiés.

Malgré le respect que doit toujours inspirer un arrêt de la cour de cassation , il y a lieu de penser que l'arrêt de 1820 ne ferait pas précédent s'il ne présentait un cas analogue, parce qu'il s'appuie sur des motifs que la cour suprême n'admettrait plus aujourd'hui.

CHAPITRE V.

SECTION PREMIÈRE.

DES DROITS DES BREVETÉS.

Les brevetés sont investis du privilége exclusif de se servir de l'objet breveté, de le fabriquer et de le vendre pendant le terme fixé par le brevet, excepté dans des cas particuliers où l'invention, quoique licite, est néanmoins soumise à quelques restrictions, comme nous l'avons démontré, chapitre III, § I.

Personne ne peut fabriquer ni faire fabriquer l'objet breveté, même quand il n'aurait pas l'intention de l'appliquer au même usage ou d'en faire un objet de commerce. Personne ne peut ni vendre, ni détailler des objets semblables, s'ils lui ont été fournis par d'autres que le breveté.

Le privilége exclusif de se servir, de fabriquer et de vendre, est restreint à ce qui fait l'objet du brevet La spécification ou description détermine seule ce qui est breveté et ce qui ne l'est pas. Tout ce qui a été omis dans la spécification n'est pas breveté. Il n'y a pas de privilége pour ce qui n'est pas décrit, quand même l'objet omis serait obtenu par les mêmes moyens, et comme une conséquence nécessaire de ce qui fait l'objet du brevet. Il n'y a pas de privilége pour une chose semblable, si elle est faite par d'autres moyens, à moins que la chose elle-même ne forme l'objet du brevet.

L'exercice des droits du breveté n'est pas limité au territoire français en Europe, il s'étend aussi aux colonies et à toutes les possessions françaises dans toutes les parties du globe, sans qu'on soit obligé, comme en Angleterre, de former à cet effet une demande spéciale et de payer un surcroît de taxe.

Le breveté peut former autant d'établissements de commerce qu'il juge à propos; il peut s'associer autant de personnes qu'il désire, et exploiter son privilége conjointement avec elles. Il peut céder le droit d'exploitation dans une ville ou un département désigné, ou dans plusieurs départements, pour tout le terme de son privilége, ou seulement pour un certain nombre d'années. Il peut disposer de son brevet par donation entre vifs, testament, ou de toute autre manière. S'il décède en pleine jouissance de ses droits, ils sont transmis à ses héritiers de la même manière que ses autres biens et suivant les lois du pays. Dans les sociétés formées pour l'exploitation des brevets, l'autorisation du gouvernement est nécessaire, comme dans toutes entreprises commerciales du même genre, à moins que quelques-uns des associés ne soient en noms, et par là ne se rendent garants de toutes les dettes.

Si le brevet doit être exploité par une société anonyme, et au moyen d'actions, il faut s'adresser au gouvernement pour obtenir son approbation. Elle n'est jamais refusée ; pourvu que l'invention du breveté ait quelque importance et que les statuts de la société soient sagement rédigés et propres à assurer la conservation des intérêts des actionnaires.

Quand le brevet est ainsi exploité par actions, ceux qui les ont prises ne sont jamais tenus de payer au-delà du montant nominal des actions pour lesquelles ils ont souscrit, aucun appel de fonds ne pouvant être obligatoire pour les porteurs d'actions.

Les sociétés en commandite et par actions formées pour l'exploitation de brevets ne peuvent exister qu'autant qu'on aura obtenu l'autorisation préalable du gouvernement. C'est à cette seule condition que la déchéance prononcée par la loi de 1791 a été levée par le décret impérial du 25 novembre 1806 (1).

(1) Comme cette question est d'une haute portée et que sa solution peut avoir des conséquences immenses, en raison du grand nombre de sociétés dans lesquelles les brevets ont été exploités par actions, sans autorisation préalable ; l'auteur de ce traité a cru faire plaisir à ses lecteurs en reproduisant ici un travail qui a été rédigé comme résumé de plaidoirie, et dans lequel la question a été examinée à fond. Ce précis, dans lequel l'auteur de ce traité a eu l'honneur de voir figurer son nom à côté de celui de Me Marie, a été reproduit ici sans autres changements que ceux nécessaires pour généraliser la discussion.

« Avant tout, qu'on y songe, il ne s'agit pas de savoir si la condition de l'autorisation par le gouvernement est opportune ou non ; si la loi était à faire, nous ne serions pas des derniers à revendiquer pour l'industrie toute sa liberté en même temps que nous réclamerions contre la licence des répressions sévères ; mais la loi est faite, elle doit recevoir son application, le tout se réduit alors à une question de texte.

« Or, voici les textes :

« L'art. 16, titre 2 de la loi du 25 mai 1791 porte : *le propriétaire d'un brevet pourra contracter telle société qu'il lui plaira pour l'exercice de son droit, en se conformant aux usages du commerce ; mais il lui sera interdit d'établir son entreprise par actions, à peine de déchéance de son brevet.*

« Ce texte, on le voit, est formel, et tout commentaire serait inutile. D'une part,

Tant que cette autorisation n'a pas été accordée, la société n'existe pas ; l'exploitation ne peut avoir lieu

prohibition absolue d'exploiter un brevet en *société par actions* ; d'autre part, *peine de déchéance en cas d'infraction.*

« *Peine de déchéance*, c'est-à-dire qu'aussitôt que l'infraction sera manifeste et prouvée, à l'instant même la chose brevetée tombera dans le domaine public, et sera, comme toutes les choses de ce domaine, la proie d'une concurrence sans limite.

« Cette disposition prohibitive a-t-elle été insérée dans la loi par des utopistes qui auraient ainsi voulu expérimenter une idée ? non ; elle a été dictée au législateur par les artistes inventeurs eux-mêmes.

« En effet, la loi de janvier 1791, sur les brevets, était promulguée ; il s'agissait de régler, dans leurs développements, les principes que cette loi avait posés. Ce fut alors que les artistes inventeurs présentèrent une pétition dans laquelle ils exposèrent le résultat de leur expérience. Or, c'est dans cette pétition qu'on lit : « les dispositions prohibitives des sociétés par actions sont destinées à écarter de l'industrie le fléau de l'agiotage.

« Si donc on se place sous l'empire de la loi du 25 mai 1791, point de doute possible. Toute société fondée par actions pour l'exploitation d'un brevet est radicalement nulle.

« Mais nous reconnaissons que cette loi a été modifiée dans ce qu'elle avait de trop rigoureux. Quelles sont ces modifications ? Quelle est leur portée ? Quels sont leurs résultats ?

« Voyons encore les textes :

« L'art. 1er du décret du 25 novembre 1806 porte : *La disposition de l'art. 14 de la loi du 25 mai 1791 est abrogée en ce qui concerne la défense d'exploiter les brevets d'invention par actions.*

« *Ceux qui voudraient exploiter leurs titres de cette manière seront* TENUS *de se pourvoir de l'autorisation du gouvernement.*

« Ainsi, la prohibition absolue de la loi du 25 mai n'existe plus ; mais à sa place surgit une prohibition relative. Les sociétés par actions deviennent possibles à la condition *impérative* de *se pourvoir* d'une autorisation : *seront tenus de se pourvoir.*

« Du reste, l'art. 1er explique très-bien que la loi du 25 mai n'est abrogée qu'en ce qui touche la défense, laquelle, nous le répétons, cesse d'être *absolue* et devient *relative* ; dès lors la peine de déchéance continue de subsister pour la *défense relative*, et dans les termes de cette défense, comme elle existait pour la *défense absolue*.

« Cette interprétation n'est pas contestable ; mais, dira-t-on, le décret exige bien l'autorisation, à peine de déchéance, mais ce décret n'a pas été fait pour les so-

sous peine de déchéance ; il n'y a ni gérant ni société , tout est à l'état de projet, et le gérant qui prendrait sur

ciétés en commandite par actions , mais seulement pour les sociétés anonymes. En supposant qu'il s'applique aux sociétés en commandite et par actions, il a été abrogé. Dans l'un et l'autre cas la puissance du décret est détruite.

« Suivons la discussion sur ce terrain.

« Et d'abord le décret s'applique-t-il aux sociétés en commandite par actions?

« Le texte ne semble pas permettre même le doute. Que défendait la loi de 1791, d'exploiter les brevets d'invention *par actions*. Que défend le décret ? d'exploiter les brevets d'invention *par actions* sans autorisation.

« L'exploitation d'un brevet *par actions*, voilà donc ce que prohibait la loi, ce que prohibe le décret. Dès lors, qu'importe la forme de la société ? par cela seul que le capital d'exploitation se constituera *par actions* , l'autorisation du gouvernement sera nécessaire. Pourquoi ? parce que la combinaison des actions appelle l'agiotage, et que c'est l'agiotage que l'on veut éviter. En face de ce qui se passe , osera-t-on articuler que la société commanditaire donne moins d'aliment à l'agiotage que la société anonyme?

« Il n'y a donc pas de distinction à faire ; en premier lieu , parce que la loi n'en a pas fait ; en second lieu , parce que la distinction aurait pour résultat de violer, tout à la fois , la lettre et l'esprit de la loi.

« Mais, dira-t-on, en 1791, en 1806 , on ne connaissait pas la société en commandite par actions; le capital des sociétés anonymes seules était ainsi divisé ; donc le décret n'est applicable qu'aux sociétés anonymes.

« Quand il serait vrai qu'à ces époques les sociétés en commandite par actions eussent été inconnues , la conclusion qu'on en voudrait tirer ne serait pas exacte. La loi, en effet, embrasse dans ses dispositions tout l'avenir aussi bien que l'actuel. Tous les faits qui seront de nature à recevoir son application, la recevront par cela même que, par exception, on ne les en aura pas affranchies. En veut-on un exemple? le voici : dans les arts , le créateur d'un tableau a seul le droit de le reproduire par la gravure, etc.; la loi l'a dit. Mais au moment où cette loi a été faite, la lithographie n'était pas connue ; dira-t-on qu'un lithographe pourra , quand et comme il lui plait , reproduire le tableau du maître? Non évidemment ; la lithographie, soutiendrait-on avec raison, rentre dans les dispositions générales de la loi , et cela suffit. Eh bien ! il en est de même des sociétés en commandite ; par cela seul qu'elles sont par actions elles sont dominées par cette expression générale du décret, *défense d'exploiter par actions , sans autorisation.*

« Mais est-il donc vrai qu'en 1791 et 1806 les sociétés en commandite par actions fussent inconnues , comme l'affirment hautement les adversaires ?

« Non ! cela n'est pas vrai.

« Sous l'ancien droit, on connaissait , comme aujourd'hui , les sociétés en nom

lui d'exploiter sans autorisation préalable serait personnellement responsable des dépenses par lui faites, et

collectif, les sociétés en commandite et les sociétés anonymes; ces dernières étaient assimilées aux sociétés en participation (V. Jousse), et même elles en prenaient le nom. L'opinion la plus saine, dit Merlin , est qu'elles tenaient tout à la fois de la société en participation et de la société en commandite.

« De l'idée d'une société (commandite) dans laquelle plusieurs associés n'étaient
« point obligés personnellement , mais seulement jusqu'à concurrence de leur
« mise , on devait passer facilement à celle d'une société dans laquelle nul ne se-
» rait engagé, si ce n'est pour son capital social. De là la société connue aujour-
« d'hui sous le nom de société anonyme.

« Il ne paraît point qu'il ait été constitué de société par actions *avant la fin*
« *du XVI*e *siècle.*

« La société en commandite emprun'a bientôt à la société anonyme l'usage de la
« division par actions du capital social. En effet , cette division s'appliquait na-
« turellement au capital de la commandite , etc.»

(V. Fremery, *Étude du Droit commercial*, p. 54, 55, et les autorités qu'il cite.)

« A ces autorités, qui ne laissent aucun doute sur l'existence des sociétés en commandite par actions avant 1791 et 1806 , nous pouvons ajouter une dernière preuve , la meilleure de toutes , savoir : une preuve de fait. Merlin, en effet, raisonne sur une société de cette espèce dans son *Répertoire*. V. *Société*, sect. 3, § 2, art. 1, n. 3.

« L'objection que nous combattons tombe donc par sa base.

« Au reste , pourquoi donc, s'il se fût agi de sociétés anonymes, aurait-on imposé l'obligation d'autorisation? Cette obligation , sous l'ancien droit , était inhérente comme aujourd'hui à la société anonyme , qu'elle eût ou non pour objet l'exploitation d'un brevet.

« Restons donc dans la vérité du texte, et concluons que toute société, ayant pour objet l'exploitation d'un brevet , a besoin d'être autorisée , par cela seul que son capital est divisé en actions.

« Maintenant , examinons la question d'abrogation.

« En droit, on connaît deux espèces d'abrogation : l'abrogation expresse, l'abrogation tacite.

« L'abrogation expresse est celle qui résulte d'un texte formel et clair.

« L'abrogation tacite est celle qui s'induit d'une incompatibilité ou d'une contradiction absolue existant entre deux dispositions législatives , dont l'une est postérieure à l'autre. *Constitutiones tempore posteriores , potiores sunt quæ ipsas præcesserunt.* Il est inutile d'ajouter, sans doute, que l'objet de ces deux dispositions doit être le même , doit s'appliquer à la même matière; sans cela , comment pourrait-il y avoir incompatibilité ou contradiction?

ne pourrait les porter au compte de la société. Le banquier de la société qui lui aurait livré les fonds sociaux

« Cela posé, la question à résoudre se ramène à ces termes : Existe-t-il une loi formelle qui abroge le décret? ou bien, trouve-t-on une loi postérieure à ce décret qui soit incompatible avec lui ?

« Une loi formelle d'abrogation ! il n'y en a point, on l'accorde.

« Existe-t-il du moins, quelque part, une loi incompatible avec le décret? En d'autres termes, une loi postérieure au décret a-t-elle réglé autrement que le décret l'exploitation des brevets? Non !

« Erreur ! nous dit-on, le Code de commerce a organisé les sociétés commerciales en général ; or, ce code est postérieur au décret, donc il a abrogé le décret ; donc les sociétés qui ont pour objet l'exploitation d'un brevet doivent être gouvernées par lui seul.

« Généralisons la proposition, et nous trouvons cette doctrine : *Une loi spéciale peut être abrogée par une loi générale, sans qu'il soit besoin pour cela d'une disposition expresse ;* doctrine absurde et que l'esprit de chicane seul peut oser produire.

« S'il est, en effet, en législation, un principe incontestable, et jusqu'ici incontesté, c'est que les lois générales ne peuvent en rien abroger les loi spéciales.

« Il y a plus, la proposition contraire a été élevée à la hauteur d'un axiôme : *in toto jure per speciem derogatur. L. 80 de reg. jur.*

« Aussi la Cour de cassation a-t-elle jugé que, dans ce cas, il y a nécessité d'abrogation ou de dérogation expresse (Cass. 8 août 1822 ; 14 juillet 1826).

« Ces principes, adoptés par tous les auteurs, sans exception, sont confirmés par le plus simple bon sens. Et, qu'on le remarque, cette thèse, vraie en général, est vraie surtout en matière de brevets. La propriété d'une invention, en effet, a toujours eu ses règles à part, comme elle a sa nature, son caractère particulier. Aussi quand on l'a constituée, quand on a modifié sa constitution primitive, ç'a été constamment par des lois spéciales. Aujourd'hui encore, on s'occupe d'une organisation nouvelle, et cette organisation a eu ses commissions particulières, comme elle aura son code particulier.

« Et le Code de commerce, qui ne contient pas un mot sur les brevets d'invention, aura, violant toutes ces idées, implicitement abrogé un article de la législation des brevets !

« Vainement cette législation aura jugé utile de réglementer, exceptionnellement, l'exploitation des brevets, une loi générale détruira tacitement ce règlement exceptionnel !

« Encore une fois, cela est déraisonnable.

« Mais où ne va-t-on pas avec de tels principes ? Le Code civil est une loi plus générale encore que le Code de commerce ; si celui-ci a organisé les sociétés, celui-là a réglé la transmission des propriétés, le transfert des droits. Il est

en répondrait vis-à-vis des actionnaires, et devrait les réintégrer dans la caisse sociale, sauf son recours contre le gérant.

postérieur aussi aux lois de 1791 sur les brevets. Eh bien ! dira-t-on, que la loi du 25 mai 1791, en ce qui se rapporte au transfert des brevets, a été abrogée par le Code civil ? osera-t-on soutenir, le code à la main, qu'un brevet peut être vendu par acte sous seing privé, et qu'il n'est pas nécessaire de faire enregistrer la vente au secrétariat de la préfecture ? Personne n'oserait même émettre une pareille idée. Pourquoi non, cependant ? Si l'objection des adversaires est vraie, celle-ci ne le serait pas moins. C'est toujours l'application de leur maxime que les lois générales dérogent *tacitement* aux lois spéciales. A la vérité, le Code civil ne parle nullement des brevets, mais le Code de commerce en parle bien moins encore. A la vérité, on soumettra ainsi violemment aux règles du droit commun une matière qui, dans la volonté bien arrêtée du législateur, a toujours été *spécialement* traitée et organisée ; mais ce désordre législatif naît aussi bien de l'argumentation adverse que de l'hypothèse dans laquelle nous nous plaçons.

« Concluons donc que le législateur, en promulguant le Code de commerce, n'a eu ni la volonté, ni le but d'entrer dans le domaine des législations spéciales qui préexistaient à son nouvel œuvre ; qu'ainsi, ces législations spéciales sont restées debout et intactes.

« Mais, disent les adversaires, si le décret de 1806 n'a point été abrogé par le Code de commerce, nous soutenons qu'il est tombé en désuétude.

« Et à l'appui de cette espèce nouvelle d'abrogation, ils citent une lettre du ministre du commerce, qui considèrerait la loi comme n'étant plus en usage.

« Répondons d'abord que, de toutes les abrogations, l'abrogation par la désuétude est la plus arbitraire, et par conséquent celle qui doit être renfermée dans les limites les plus étroites. Il y a plus même, des autorités graves se sont prononcées fortement contre un tel mode d'abrogation, qui n'est plus, il faut le reconnaître, en harmonie avec l'organisation actuelle du pouvoir législatif.

« Quoi qu'il en soit, et sans entrer dans cette question, posons encore ici quelques principes dont on paraît s'écarter :

« Pour que le non-usage fasse tomber la loi, il faut, dit Merlin, d'après les lois romaines, qu'il soit général, *tacito consensu omnium* ; il faut en outre qu'il ait été de longue durée. C'est aussi ce qu'a voulu la cour de cassation, lorsque dans plusieurs arrêts, elle a exigé comme condition *sine quâ non*, que l'usage fût admis dans la généralité de l'état.

« Ajoutons qu'il faut que les faits constitutifs de l'usage soient uniformes, publics, multipliés. Seulement alors, en effet, on peut dire qu'il y a eu dérogation consentie ; seulement alors on peut appliquer cette maxime : *Diuturni mores consensu utentium comprobati legem imitantur.*

Le conseil d'état consulté, par le ministre du commerce, sur la question de savoir si le décret du 25 no-

« Or, nous le demandons, où donc rencontre-t-on dans notre espèce ce consentement commun, universel, prolongé, de déroger au décret de 1806 ?

« Si plusieurs sociétés se sont affranchies de l'obligation de demander l'autorisation, plusieurs autres ne l'ont-elles pas demandée ? Au contraire, la lettre du ministre elle-même le prouve.

« Si toutes les sociétés ne l'ont pas sollicité à Paris, en a-t-il été de même *dans la généralité de l'état* ? Jusqu'à ce que la preuve affirmative ait été rapportée, la présomption est que la loi a été exécutée.

« Enfin, en supposant que la loi n'ait pas été observée, depuis quel temps les infractions existent-elles ? Réfléchissons un peu : puisque l'on a cru, en 1806, devoir modifier la loi de 1791, c'est donc qu'alors l'attention des esprits s'était fixée sur cette matière. Or, on ne peut pas admettre que le décret de 1806, promulgué dans de telles circonstances, ait été aussitôt oublié que rendu. Nous pouvons affirmer que pendant quelque temps il a reçu son exécution. A quel moment donc cette exécution aura-t-elle été suspendue ? Personne ne peut le dire, mais à la place des personnes, les faits industriels vont répondre.

« En général on exploite peu de brevets en société, et surtout en société par actions ; ce n'est même que dans ces derniers temps que quelques sociétés de ce genre se sont formées. Allons plus loin même : à la vérité, la société en commandite par actions existait avant le Code de commerce, et elle est de nouveau consacrée par ce code ; mais elle était peu pratiquée. Son développement est dû à quelques hommes tristement célèbres, qui, dans ces dernières années, s'en sont emparés, au grand détriment des capitalistes.

« En présence de ces faits nous répétons notre question : depuis quel moment les infractions existent-elles ? quelle a été la durée de l'infraction ? En réalité vous trouverez un non-usage de quelques années seulement.

« Et cela suffirait pour constituer une abrogation par désuétude ! Quelques faits, cinquante, cent peut-être, qui se sont produits pendant cinq ou six années, et voilà une loi impérative et en quelque sorte d'ordre public, détruite, abrogée par la désuétude.

« Non, non, ce moyen d'abrogation n'est pas plus fondé que le premier.

« On prétend que M. le ministre du commerce, à qui l'on s'était adressé pour obtenir une autorisation, aux termes du décret du 25 novembre 1806, aurait répondu qu'il ne croyait pas que cette autorisation fût encore nécessaire ;

« D'abord c'est un avis purement officieux que M. le ministre aurait donné, une consultation qui n'aurait rien d'officiel.

« Mais, depuis cette lettre, M. le ministre lui-même, nous ne craignons pas de le dire, a fait examiner, et a examiné lui-même, la question avec une scrupuleuse attention, et nous avons quelque raison de douter qu'il pense encore que le dé-

vembre 1806 était ou non abrogé, l'a déclaré obligatoire : sa décision est du 12 décembre 1838.

SECTION II.

DES DROITS DU PUBLIC CONTRE UN BREVET.

ACTION PRINCIPALE EN DÉCHÉANCE.

Aussitôt qu'un brevet a été accordé, tout le monde a le droit d'intenter une action pour en faire prononcer la nullité. C'est cette action qui est appelée action principale en déchéance. Elle s'introduit, sans préliminaire de conciliation, par assignation au tribunal civil de première instance.

Le procureur du roi, qui agit au nom et dans l'intérêt de la société en général, peut diriger contre le breveté une action fondée sur les inconvénients qui pourraient résulter de l'exploitation de l'invention, ou sur ce qu'elle est contraire à la loi.

Le gouvernement a une action spéciale pour cause

cret de 1806 soit abrogé par le Code de commerce, qui ne parle pas des brevets.

« En résumé, tous les auteurs qui ont écrit sur les brevets ont signalé le décret de 1806 comme étant en vigueur.

« Parmi ces auteurs, nous citons MM. Merlin, Renouard et Dalloz.

« Pas un d'eux n'a mis même en doute l'existence du décret. Ils n'ont pas, a-t-on dit, traité la question d'abrogation. Cela est vrai ; mais en citant le décret, en le commentant, ils ont affirmé son existence, et cela suffit.

» Ainsi le décret de 1806 n'est point abrogé.

» S'il n'est point abrogé, tout porteur de brevet est tenu, à peine de déchéance, de se pourvoir d'une autorisation avant de l'exploiter par actions. »

de non-paiement de la seconde moitié de la taxe. Cette action lui appartient exclusivement, parce que le gouvernement seul a le droit de demander et de recevoir le paiement de la dite somme. Mais, cette action, le gouvernement ne l'a jamais exercée, il a trouvé plus commode d'annuler les brevets par ordonnance, et jusqu'à présent aucune réclamation n'a été élevée. C'est avoir du bonheur, mais cela ne prouve pas que ces mesures soient légales.

L'action résultant d'un manque de sincérité ou d'omissions graves dans la spécification, du défaut de nouveauté de l'invention, de l'inaction du breveté pendant les deux premières années de son privilége, ou de l'obtention subséquente d'un brevet en pays étranger pour la même invention, appartient à tout le monde.

Toute personne, avant de commencer une entreprise commerciale qui demande l'emploi de fonds considérables, a le droit de s'assurer si le privilége supposé existe ou non. En effet, comme le breveté proclame son droit exclusif, les personnes intéressées dans un genre de commerce avec lequel l'invention brevetée peut avoir plus ou moins de rapport, craignent constamment d'enfreindre le privilége du breveté, et d'être poursuivies judiciairement et condamnées comme contrefacteurs.

Ce serait en vain que le breveté dirait à la personne intentant contre lui une action en déchéance : Pourquoi venez-vous attaquer mon privilége ? Vous croyez que mon brevet a été obtenu d'une manière subreptice, ou sous de fausses représentations, et que mon invention supposée n'offre rien de nouveau, vous assurez que votre conviction à cet égard est fondée sur des preuves matérielles et incontestables. S'il en est ainsi, servez-vous de l'invention que j'ai fait breveter, et quand je vous poursuivrai, vous pourrez opposer la nullité du brevet, et je serai déclaré non recevable.

Une telle défense ne serait jamais accueillie. Comme le breveté a obtenu un monopole pour l'invention, et comme, par cela même, il est interdit à tout le monde de s'en servir pendant la durée du privilége, si l'invention était réellement connue avant la demande du brevet, le breveté a usurpé un droit qui appartenait à tout le monde ; et une action en déchéance doit appartenir au public en général, puisque tout le public est dépouillé de partie de ses droits par l'usurpation du breveté.

L'action principale en déchéance ne peut être intentée que devant le tribunal civil de première instance, et si les moyens de nullité que l'on invoque consistent dans le défaut de nouveauté, nul témoignage oral ou écrit ne pourra être admis comme preuve ; le tribunal n'accueille, dans ce cas, que les preuves tirées d'ouvrages imprimés contenant la description de l'invention dont s'agit.

La loi ne fait aucune distinction relativement au pays et à la langue dans lesquels l'ouvrage a pu être publié, ni au genre de publication ; l'ouvrage doit toutefois avoir été publié avant l'enregistrement de la demande du brevet.

Le procès est jugé en audience publique par les président et juges composant le tribunal ; mais sans intervention de jury, qui n'est pas appelé en France à connaître des procès civils. Si le brevet est déclaré valable, le demandeur en déchéance est condamné aux dépens.

Si la déchéance est prononcée, le brevet est déclaré nul, et le breveté est condamné aux dépens.

Quelle que soit la décision du tribunal, les parties peuvent en interjeter appel dans les trois mois à partir du jour où le jugement a été signifié à partie ou à domicile.

Un dernier recours est ouvert à la partie qui est condamnée par la cour royale. Elle peut soumettre l'arrêt à la censure de la cour de cassation. Cette cour ne juge jamais le fond du procès, mais elle décide si les cours d'appel ont fait une juste application de la loi, et si toutes les formalités prescrites à peine de nullité ont été accomplies ; dans ce cas, le pourvoi est rejeté et la partie demanderesse en cassation est condamnée aux dépens et à une amende de 150 francs qui a été consignée avant de former le pourvoi. Dans le cas contraire le jugement ou arrêt est annulé et la cause renvoyée devant une autre cour royale pour y être jugée.

Si le brevet est sorti victorieux de ces épreuves judiciaires, ce premier succès n'empêche pas qu'une autre personne ne puisse en contester plus tard la validité par les mêmes moyens.

Si le brevet est déclaré nul par un arrêt de cour royale, devenu définitif soit par le rejet du pourvoi en cassation, soit parce qu'il n'a pas été déféré à la cour de cassation en temps utile, le brevet est annulé irrévocablement, et le breveté ne peut plus en soutenir la validité devant aucun tribunal.

La raison de cette différence résulte de la nature du titre dont le breveté est investi ; il se met en hostilité avec tout le monde, et à toutes les attaques il oppose son brevet comme un bouclier. Tant que son titre demeure entier, il jouit des priviléges qu'il confère, mais il n'en est pas moins exposé à des attaques journalières qu'il faut qu'il repousse constamment ; vingt procès en déchéance gagnés n'assureraient pas la réussite de la défense à une vingt-unième attaque. Mais que le breveté succombe une fois, et soit condamné à la déchéance par un arrêt devenu irrévocable, dès-lors son bouclier est percé de part en part, son titre est anéanti, et le *Bulletin des Lois* proclame la cessation du privilége, et l'affranchissement de l'industrie qui y avait été soumise.

SECTION III.

DE LA COMMUNICATION DES DESCRIPTIONS.

Le droit, que chacun a d'intenter une action en déchéance d'un brevet, serait inutile, ou même dangereux dans son exercice, si l'on ne pouvait se former d'avance une opinion correcte, quant à la nature de l'invention et à la validité du brevet en lui-même. Aussi, la loi permet à chaque citoyen français de consulter la liste des brevets accordés par le ministre et confirmés

par ordonnance royale. Il peut aussi examiner les spécifications et les plans des dits brevets ; toutefois il est
tenu d'exposer ses motifs, qui doivent être autres que
ceux de simple curiosité. On peut alléguer la crainte
d'enfreindre involontairement un brevet antérieur ; le
désir de s'assurer si des poursuites que l'on peut avoir
commencées, ou que l'on se propose de commencer,
sont bien fondées ; l'intérêt que l'on peut avoir à se convaincre que le brevet accordé n'est pas pour une méthode, ou un procédé qui soit déjà connu, ou déjà breveté ; ou la crainte que l'on peut avoir de perdre son
temps, ou son argent, en s'occupant d'une invention
que le breveté pourrait plus tard considérer comme
une contrefaçon.

Dans tous ces cas, la loi a décidé que des renseignements, qui peuvent être si utiles aux parties, doivent
leur être fournis toutes les fois qu'elles allèguent des
motifs plausibles.

Telle est la règle générale. Il y a des cas exceptionnels où la spécification n'est pas communiquée au public ; c'est quand le breveté, ayant pensé que des raisons commerciales et politiques exigeaient que son invention fût tenue secrète, s'est adressé aux pouvoirs
législatifs pour developper ses motifs, et a obtenu une
décision particulière sur ce sujet. Cette décision est
proposée, discutée et adoptée de la même manière que
toute autre loi. Elle peut porter non-seulement que la
spécification sera tenue secrète, mais elle peut aussi
enjoindre à l'auteur de garder le secret de son invention même après l'expiration du privilége.

Dans ce cas, des commissaires doivent être nommés

pour s'assurer par l'examen de la méthode ou du procédé que la description est exacte, sans que toutefois l'inventeur cesse d'être responsable de l'exactitude de sa description.

Telle est la disposition de la loi de 1791, qui n'a jamais reçu son application, et qui ne paraît pas encore avoir été invoquée.

Et cependant quelques descriptions ont été mises au secret. Il paraît que l'on s'est complètement affranchi de la gêne imposée par la loi de 1791. Jamais l'on ne s'est adressé au pouvoir législatif pour obtenir qu'une description fût tenue secrète. Il n'a pas été nommé de commissaires, ainsi que la loi le prescrivait. Le ministre s'est contenté d'ordonner, sur la demande des parties, que la description ne fût pas communiquée, et elle a été mise au secret.

Cependant, comme cette disposition de la loi des brevets n'a jamais été révoquée, et qu'elle impose des formalités comme conditions de la mise au secret d'une description, formalités dont l'administration a cru pouvoir s'affranchir, il en résulte que les ordonnances ministérielles, par suite desquelles les descriptions sont tenues secrètes, sont des ordonnances rendues par un ministre hors des limites de ses attributions, puisque la loi n'appelle pas le gouvernement à prononcer sur de pareilles demandes. Ces ordonnances sont donc essentiellement nulles, et tout citoyen se trouve en droit, nonobstant de pareilles ordonnances, de demander et d'obtenir communication des descriptions qui ont été soustraites illégalement aux regards du public.

Nous avons dit, qu'en général, le public pouvait

prendre communication des brevets aussitôt qu'ils avaient été accordés ; mais nulle communication n'est donnée des brevets non encore délivrés : quand les certificats provisoires ont été expédiés on peut en prendre connaissance, même avant qu'ils n'aient été confirmés par ordonnance royale. Les étrangers doivent se faire assister par un Français.

Il paraît surprenant que les étrangers, que la loi de 1791 admet indistinctement à prendre des brevets en France, et qui jouissent, à cet égard, de la même faveur que les Français eux-mêmes, n'aient pas le droit d'examiner les spécifications et les plans des brevets déjà accordés, à moins d'être assistés par un Français ; surtout quand de pareils renseignements sont encore plus nécessaires aux étrangers qu'aux Français, qui connaissent mieux les améliorations les plus récentes que chaque branche d'industrie a éprouvées dans leur pays natal.

Il n'y a pas de disposition dans la loi française qui dépouille formellement les étrangers d'un pareil droit, mais l'administration française leur refuse tout renseignement de ce genre, à moins qu'ils ne se fassent assister par un Français ; tel est l'usage invariablement suivi dans le bureau des brevets, et les étrangers sont tenus de s'y soumettre.

La taxe à payer pour l'inspection du catalogue des brevets est. . . . . 3 fr.

Pour l'inspection des descriptions et des dessins. . . . . 12 fr.

Il est interdit aux personnes, qui consultent les plans et les spécifications des brevets non encore expirés, d'en prendre des copies, ni même de faire des extraits. Cependant, dans les discussions judiciaires et dans d'autres occasions où il peut être nécessaire d'obtenir une copie officielle des spécifications et des plans des brevets, afin d'éclairer la justice, une demande, à cet effet, doit être adressée au ministre du commerce, qui, prenant en considération les raisons alléguées, peut ordonner qu'une copie des spécifications et des dessins soit faite et délivrée au demandeur. Il pourrait arriver aussi que le titulaire d'un brevet vînt à perdre son certificat de demande; le ministre peut ordonner, dans ce cas, qu'il en soit fait une seconde expédition pour être remise au titulaire.

Il arrive aussi quelquefois qu'en cas de cession, le cessionnaire désire avoir une copie authentique du brevet; sur la demande du breveté cette seconde copie est accordée par le ministre, et expédiée en la même forme que la première.

SECTION IV.

TRANSFERT DES BREVETS.

Tous les brevets, sans exception, peuvent être transférés par les brevetés eux-mêmes, ou par des personnes agissant en leur nom et en vertu de leurs pouvoirs. La cession peut être faite du brevet entier, ou d'une partie seulement, elle peut être faite pour le temps restant à courir, ou seulement pour une partie de ce temps.

Le brevet peut passer en d'autres mains par une vente définitive, par une vente à réméré, par donation entre vifs ou testamentaire : le brevet peut être vendu à la charge de n'exercer les droits ainsi transmis que dans une localité désignée ; en un mot, cet acte peut renfermer toutes les clauses dont les actes de vente sont généralement susceptibles.

Les actes de transfert ne sont valables en France qu'autant qu'ils sont faits d'une manière particulière et selon les formes prescrites par la loi française. Toute cession de brevet doit être rédigée par acte devant notaire. Cet acte doit être ensuite enregistré à la préfecture du département où les parties ont leur domicile, si toutefois elles ont leur domicile dans le même département, ou à la préfecture de leur département respectif, si elles ne demeurent pas dans le même département.

Si les deux parties demeurent hors de la France, l'enregistrement peut se faire à Paris, à la préfecture de la Seine. Le transfert doit être enregistré de la même manière que la demande d'un brevet ; et pourvu que les formes ci-dessus détaillées aient été régulièrement observées en dressant l'acte de transfert, l'enregistrement ne peut jamais être refusé. Au trimestre suivant, la cession est proclamée par ordonnance royale, de la même manière que les brevets eux-mêmes.

L'obligation imposée au cessionnaire de faire enregistrer la cession est la seule dont il soit tenu, et la cession est alors valable envers et contre tous ; car ni le cessionnaire ni le cédant ne sont chargés de la publication de la cession. Et si, par erreur ou oubli, on avait omis d'en insérer la confirmation dans l'ordonnance de publication des brevets, ce défaut de publication ne pourrait pas être opposé au cessionnaire, qui se trouve valablement saisi, du moment qu'il a rempli les formalités que la loi lui a imposées.

L'inexécution de ces formalités, exigées pour la protection du public, ne peut pas être opposée par une des parties à l'autre, leurs héritiers et ayants-droits. Ils ne pourraient invoquer une exception qui n'a pas été introduite en leur faveur (1). Toutefois, un transfert irrégulier ne confère au cessionnaire, relativement aux tiers, aucun droit sur le brevet ; et malgré un premier transfert fait irrégulièrement, si le breveté en fait un second qui soit régulier, la seconde cession devrait recevoir son exécution malgré l'existence du premier transfert; mais le premier transfert, quoiqu'il n'investît pas l'acquéreur de la propriété du brevet, lui donnerait le droit de recouvrer de son vendeur le prix payé, les dépenses encourues, et en outre des dommages et intérêts.

Une personne, propriétaire d'un brevet primitif, auquel plusieurs autres brevets ont été annexés pour améliorations, additions ou changements, pourrait transférer le brevet primitif sans transférer en même temps les brevets d'addition. Elle pourrait aussi transférer les brevets d'addition, en se réservant le brevet primitif, les brevets pour addition, lorsqu'ils sont ac-

(1) Cour de cassation, 20 novembre 1822.

cordés ; ayant la même force et conférant les mêmes droits que s'ils eussent payé la taxe intégrale.

Si l'acte de transfert est passé dans un pays étranger, il faut néanmoins qu'il soit fait par un notaire, dont la signature doit être ensuite légalisée par le consul français résidant dans la ville où le transfert a été fait : la signature du cédant doit être certifiée par la signature de deux témoins, outre celle du notaire. Il faut ensuite envoyer cet acte en France, le faire traduire par un interprète juré, le déposer au nombre des minutes d'un notaire français, qui en délivre une expédition qui sera aussi légale et aussi obligatoire que si l'acte eût été fait en France. Ce transfert doit aussi être enregistré et publié dans la manière susmentionnée.

Il serait plus expéditif et moins coûteux de faire dresser l'acte en français par devant un notaire étranger, dont la signature serait ensuite certifiée par un consul français ; alors il deviendrait inutile de faire traduire l'acte et d'en faire le dépôt chez un notaire français, et il suffirait de le faire timbrer à l'extraordinaire et enregistrer comme il a été dit ci-dessus.

Pour la commodité des personnes qui demeurent hors de la France, et qui peuvent être propriétaires de brevets français et vouloir en opérer le transfert, j'ai donné dans l'appendice la formule d'un acte de transfert qui sera valable en France.

Les étrangers, qui ont obtenu des brevets français et qui en font le transfert, ne savent pas toujours qu'en France il y a un droit d'enregistrement exigé par le gouvernement, lequel s'élève à deux pour cent sur le montant du prix stipulé. Pour échapper à ce droit, il est d'usage d'insérer dans l'acte ostensible du transfert une somme nominale, et qui ordinairement ne dépasse pas le coût du brevet, quelles que soient d'ailleurs les stipulations particulières des parties.

Le transfert d'un brevet français peut être fait en France au nom du breveté par le porteur d'un pouvoir en règle de sa part. Les formes prescrites pour la validité du transfert des brevets doivent aussi être suivies à l'égard du pouvoir; il doit être dressé par un notaire et deux témoins, et la signature du notaire doit être certifiée de la même manière que nous avons indiquée pour l'acte de transfert.

Comme le transfert d'un brevet doit être accepté par le cessionnaire, sa présence et sa signature sont requises pour rendre le transfert définitif; cependant il peut autoriser une personne à accepter en son nom la cession, et alors le transfert est complètement effectué. Les mêmes formes sont requises pour ce pouvoir que pour le pouvoir dont a été parlé ci-dessus.

Rien dans la loi française ne restreint le nombre de personnes auxquelles un brevet peut être transféré. C'est pourquoi nulle autorisation législative n'est requise pour faire un transfert à plus de douze personnes, comme l'exige la loi anglaise; au contraire, le nombre de personnes qui peuvent prendre un intérêt dans un brevet français est illimité.

Tout ce qui a été dit touchant les formes à suivre pour la validité du transfert d'un brevet s'applique aux licences. En effet, comme la concession d'une licence est le transport d'une portion de la propriété exclusive, il est utile de la faire enregistrer. Dans ce cas, le transfert de la propriété du brevet ne peut être fait qu'à la charge par le cessionnaire de respecter la licence accordée.

Si, au contraire, les formalités nécessaires à l'authenticité de la licence n'avaient pas été remplies, et que le breveté vînt à vendre la totalité de son brevet, et que cette vente fût régulièrement faite et enregistrée, le cessionnaire de la licence pourrait être troublé dans sa jouissance par le nouvel acquéreur, et il n'aurait de recours que contre l'inventeur au lieu d'avoir une garantie sur le brevet.

Les brevets peuvent aussi être transférés par jugements des tribunaux :

1° Dans le cas d'une faillite, le jugement qui déclare le breveté en faillite transfère tous ses biens à ses créanciers, et parmi les biens, et comme en faisant une partie, le brevet.

2° En cas que le brevet ait été obtenu frauduleusement, le tribunal peut, la fraude une fois prouvée, transférer le brevet au véritable propriétaire ; il en est de même dans le cas d'une contestation purement civile sur la propriété d'un brevet ; le tribunal appelé à connaître la question, attribue, par sa décision, le brevet à qui de droit.

3° Dans le cas d'une saisie opérée sur les biens du breveté, et d'une vente aux enchères opérée subséquemment, le brevet est alors transféré à l'acquéreur par l'autorité du juge, qui a ordonné la vente.

Dans tous ces cas, celui à qui le brevet est transféré est tenu de faire enregistrer l'acte qui le lui a conféré, de la même manière que si le transfert avait été fait par le consentement mutuel des parties. Ainsi donc, quelle que soit la manière dont un brevet change de propriétaire, soit par vente volontaire ou vente forcée, soit par donation entre-vifs, par testament, ou par droit héréditaire en l'absence d'un testament, l'acte translatif ou déclaratif de propriété doit être enregistré au secrétariat de préfecture du département, où réside celui à qui le brevet est transféré, et l'insertion légale, confirmative de la transmission du brevet, est faite ensuite dans le *Bulletin des lois* par l'autorité administrative.

Il arrive souvent qu'une société commerciale est formée pour l'exploitation d'un brevet : dans ce genre d'opération, le brevet forme ordinairement la mise sociale de celui qui l'apporte, les autres associés ne fournissant que les fonds. Il est nécessaire dans ce cas, pour saisir la société de la propriété du brevet, qu'il y ait transfert, à son profit, du brevet, et que le dit transfert soit enregistré et publié dans le *Bulletin des lois*; autrement le breveté conserverait toujours la propriété du brevet, et pourrait en opérer la vente au préjudice de la société. Il suit de là, qu'un acte de société sous signatures privées, contenant stipulation de mise en société d'un brevet, ne dépouille aucunement le breveté de son privilége, et ne confère à la société aucun droit sur le brevet, tous les actes de transfert devant être faits par devant notaires.

Il est donc indispensable que les bailleurs de fonds, avant de verser des capitaux pour exploiter une invention brevetée, aient soin de faire faire, au profit de la société, une cession en règle de brevet.

La cession d'un brevet obtenu pour une chose déclarée non brevetable, est nulle comme étant faite sans cause réelle, et par conséquent le cessionnaire aurait droit de réclamer le prix par lui payé (1).

Si dans la cession d'un brevet obtenu pour une méthode nouvelle, il a été annoncé des avantages que cette méthode ne peut réaliser, il y a lieu de faire annuler la cession comme faite sans cause ou sur une fausse cause (2).

SECTION V.

LES CONSÉQUENCES DU TRANSFERT D'UN BREVET.

Si le breveté fait une cession légale de ses droits, soit pour la totalité soit pour partie, le nouveau possesseur, en remplissant les formalités énumérées dans la section précédente, jouira du brevet aussi pleinement et aussi avantageusement que le premier propriétaire.

Il peut profiter de la facilité accordée au breveté d'obtenir des brevets pour perfectionnements en payant la taxe réduite, et il est légalement tenu de communiquer tous les changements et toutes les modifications qu'il fait dans le système breveté, et de demander des brevets d'additions et de changements.

Il est tenu pareillement de ne pas prendre de brevet en pays étranger, postérieurement à l'obtention du brevet français, sous peine de perdre son privilége en France.

(1) Arrêt de la cour royale de Grenoble, 12 juin 1830.
(2) Arrêt de la cour royale de Grenoble, 27 mars 1831.

Il peut poursuivre ceux qui portent atteinte à son privilége, d'une manière aussi efficace que l'aurait pu faire son cédant; d'un autre côté, il peut être poursuivi, et peut perdre son brevet, s'il s'en sert d'une manière contraire aux lois du royaume, ou aux règlements de police.

Il est tenu de maintenir les concessions partielles faites par le premier titulaire, pourvu qu'elles soient constatées par acte authentique, et dûment enregistrées comme nous l'avons vu plus haut. S'il n'était pas fait mention de ces licences ou concessions partielles dans l'acte de transfert qui lui a été consenti, le cessionnaire peut exiger des dommages-intérêts, ou même la résiliation de l'acte de cession, en raison de la réticence frauduleuse commise à son égard.

Un breveté, après avoir cédé tous ses droits à un tiers, ne peut pas alléguer, comme défense à des poursuites pour des contrefaçons par lui commises en violation du privilége cédé, que le brevet qu'il a vendu, et dont il a reçu le prix, est nul et de nul effet; en vain offrirait-il de prouver que l'invention n'était pas nouvelle au moment où le brevet a été accordé, sa qualité de cédant lui interdirait ce genre de défense, et il ne pourrait échapper à une condamnation pour contrefaçon.

Si le brevet est déclaré nul, le breveté ne peut pas exiger l'exécution d'un contrat passé par lui avec un tiers, dans la croyance que ce brevet était valable.

De même, si une personne a fait une convention avec un breveté pour l'usage de son invention brevetée, et que le brevet soit déclaré nul, la convention est annulée, parce que si les faits de la cause démontrent que le brevet supposé n'était pas valable, celui à qui une partie du droit a été transmis n'a pas reçu les avantages qu'il avait stipulés en sa faveur.

Ce cas a beaucoup d'analogie avec le cas d'un propriétaire et d'un locataire ; aussi long-temps que le locataire jouit, en vertu du bail, de la chose louée, il ne peut pas contester les droits du propriétaire pour se libérer des charges imposées ; mais quand le locataire est évincé de la chose à lui louée, il a le droit de prouver qu'il a cessé de jouir de ce qui était la cause du paiement du loyer, et que, la jouissance cessant, la convention de payer est par cela même annulée.

Qu'une personne fasse une convention avec un breveté pour la concession de son invention brevetée, le brevet étant considéré comme valable par les deux parties, si une somme d'argent a été payée pour l'usage de la dite invention, cette somme ne paraîtrait pas devoir être répétée, s'il était prouvé que l'invention était connue antérieurement à la demande du brevet, pourvu que les deux parties aient agi avec une égale bonne foi.

Mais si les vices du brevet étaient connus du breveté lors de la vente, alors il n'y aurait aucune représentation de la valeur fournie, et le breveté serait tenu, en cas d'annulation de son titre, de rembourser les sommes payées.

Si une portion seulement du prix avait été payée au breveté, il ne pourrait exiger le paiement du reste, parce que du moment que le brevet aurait été déclaré nul, le vendeur ne pourrait plus maintenir son acquéreur en jouissance de la chose cédée.

La cour royale de Paris a décidé dans l'affaire Taylor contre les maîtres de forges, que quand un brevet était annulé par suite d'une publication du procédé faite antérieurement à la demande, la personne qui avait obtenu le brevet était tenue de restituer toutes les sommes qu'elle avait perçues. Cette restitution, dans l'espèce, se montait à 600,000 fr. Il convient donc de rédiger l'acte de cession de manière à échapper à un pareil recours. A cet égard, il faut prendre conseil d'un homme bien versé dans la partie des brevets.

SECTION VI.

CONTREFAÇON.

Qu'est-ce qui constitue une contrefaçon? C'est la violation du privilége garanti par le brevet. En quoi consiste-t-elle? Elle varie selon la nature du brevet, s'il est pour invention, pour perfectionnement, ou pour une combinaison nouvelle de mécanismes connus, ou de machines existantes.

Quand le brevet est pour l'invention d'une machine entièrement nouvelle, et que la machine est essentiellement nouvelle dans sa construction, si quelqu'un l'a imitée dans une ou plusieurs de ses parties, il a par cela même privé l'inventeur d'une partie de son droit exclusif, il a porté atteinte à son privilége, et s'est rendu coupable de contrefaçon.

Quand le brevet est pour plusieurs perfectionnements distincts apportés à une machine existante, ou pour plusieurs améliorations distinctes dans des machines différentes, mais qui ne forment que les parties nécessaires d'un seul, système, si une personne imite un des dits perfectionnements, il viole le droit exclusif du breveté, car le brevet protége toute l'invention, et l'invention comprend toutes les améliorations; et une action appartient au breveté pour la contrefaçon des perfectionnements, même quand on n'aurait pas imité la totalité des perfectionnements compris dans le brevet.

Un exemple éclaircira ce point : prenons le cas d'un auteur victime d'un plagiat. On n'a jamais supposé qu'il fallût, pour qu'on pût poursuivre en contrefaçon, que le livre fût copié en entier ; on a toujours considéré qu'il suffisait qu'une portion considérable du livre fût copiée, pourvu que les parties ainsi contrefaites fussent celles dont le plaignant était vraiment et réellement l'auteur. Certainement, un simple extrait ne constituerait pas une contrefaçon , mais si la substance du livre était prise, ou si une grande partie de l'ouvrage était copiée, de manière à ce que la partie contrefaite pût remplacer l'original, et faire un tort considérable à la propriété littéraire de l'auteur, il y aurait contrefaçon ; et une action en dommages-intérêts appartiendrait à l'auteur, injustement dépouillé de sa propriété.

Quand un brevet est pour une nouvelle combinaison de mécanismes connus, ou de machines existantes, et seulement pour la combinaison, sans aucun droit sur les machines mêmes, si cette combinaison est copiée, le breveté a droit de réclamer des dommages-intérêts, quoique les dits mécanismes puissent être employés séparément ou d'une autre manière sans enfreindre son privilége, parce que le brevet est seulement pour la combinaison.

Il est souvent très-difficile de décider si telle machine est construite sur les mêmes principes que telle autre. Perfectionnées comme le sont aujourd'hui toutes les machines, il y a nécessairement beaucoup de rapport dans les moyens employés pour leur imprimer le mouvement. Le levier et la roue sont des auxiliaires généralement connus et employés, et si l'inventeur, qui en ferait usage dans ses machines était réputé contre-facteur parce qu'ils se trouveraient décrits dans un brevet antérieur, il suffirait d'un seul brevet dans une industrie, pour l'absorber et la paralyser tout entière. Le point principal à décider n'est pas, si les mêmes principes de mouvement ou les mêmes parties élémentaires existent dans deux machines, mais si l'effet est produit par le même mode d'opération et par la même combinaison de forces dans l'une et dans l'autre. Quelques modifications de détails ou quelques perfectionnements légers ne peuvent pas porter atteinte au droit de l'inventeur. Pour mieux nous faire comprendre, prenons l'espèce suivante : supposons qu'une montre inventée par un individu marque seulement les heures, qu'un second perfectionne l'instrument de manière que la montre indique les minutes, et qu'un troisième lui fasse marquer les secondes, chacun d'eux employant pour indiquer les heures, les mêmes combinaisons et le même mode d'opération que le premier. En pareil cas, l'inventeur d'une méthode pour indiquer les secondes n'aurait pas eu le droit d'employer les procédés des deux autres. Chaque inventeur n'aurait eu droit qu'à ce qui formait sa propre invention , et n'aurait pu se servir des moyens inventés par l'un des deux autres, sans se rendre coupable de contrefaçon.

La construction d'une machine brevetée doit être considérée comme une violation du privilége exclusif du breveté , si elle est faite dans l'intention de la vendre ou de s'en servir. Il pourrait n'en pas être de même si elle n'était faite que pour des expériences théoriques et pour s'assurer de la vérité et de l'exactitude de la spécification. En d'autres mots, la machine doit avoir été faite dans l'intention de porter atteinte au droit du breveté, et de le priver des fruits de sa découverte , pour qu'il puisse avoir droit à une réparation.

La vente d'une machine brevetée, faite par un officier public , et en vertu d'un ordre de la justice , comprendrait non-seulement la machine brevetée, mais aussi le droit de s'en servir, de la manière décrite dans le brevet , et aucune action en contravention ne pourrait être valablement intentée par le breveté contre l'acquéreur d'une telle machine. Mais la personne qui aurait acheté la machine n'aurait pas le droit de fabriquer une seconde machine sur le même plan ; elle aurait seulement tous les droits de propriétaire sur la machine par elle achetée, dont elle pourrait faire usage ou disposer à son gré.

Si des pièces détachées , destinées à la construction d'une machine brevetée , étaient vendues de la même manière, l'acquéreur ne serait pas investi du droit de faire construire , avec les dites parties détachées , une machine brevetée , les pièces ayant été vendues , dans l'état où elles se trouvaient, pour être employées par l'acquéreur comme il l'entendrait, en se conformant aux lois.

SECTION VII.

QUEL TRIBUNAL EST COMPÉTENT POUR CONNAITRE D'UNE ACTION EN CONTREFAÇON

D'après la loi de 1791 , le tribunal de la justice de paix était celui devant lequel l'action devait être introduite. Il avait été ainsi pourvu par la loi, afin d'obtenir plus promptement une décision, et pour éviter les frais qui sont beaucoup plus élevés dans tout autre tribunal.

D'autres considérations ont porté le législateur à attribuer la connaissance des actions en contrefaçons de propriétés industrielles, aux tribunaux de police correctionnelle déjà saisis de la connaissance des atteintes portées à la propriété littéraire.

D'un autre côté l'importance toujours croissante des priviléges industriels, la valeur immense de certains brevets, les questions nouvelles qui sont journellement soulevées dans des débats de cette nature, ont déterminé le législateur à en soumettre la décision à un tribunal d'un ordre supérieur et composé de trois juges. Anciennement et sous l'empire de la loi de 1791, l'action en contrefaçon étant considérée comme une action purement civile, le défendeur devait, aux termes du droit commun, être assigné devant le tribunal de son domicile.

Sous la loi actuelle, la contrefaçon étant un délit et comme tel justiciable du tribunal correctionnel, le contrefacteur doit être assigné devant le tribunal du lieu où le délit de contrefaçon a été commis.

Le breveté est tenu de se porter partie civile dans l'instance et en cette qualité de répondre de tous les frais. Avant d'obtenir la permission d'assigner, il devra, qu'il soit français ou étranger, consigner la somme nécessaire pour couvrir les frais. Cette somme comprend le coût de l'assignation, la taxe des témoins que l'on veut faire entendre, et l'enregistrement du jugement.

SECTION VIII.

Comme le breveté est tenu de prouver la contrefaçon, si le défenseur était, purement et simplement assigné à comparaître, il pourrait à la faveur du délai que la loi lui accorde pour se présenter, soustraire les objets contrefaits, et détruire ainsi les preuves de la contrefaçon. Il est donc indispensable d'avoir recours à quelques mesures préliminaires, afin de se procurer les preuves matérielles de la contrefaçon.

A cet effet, une requête, signée par le breveté ou son fondé de pouvoirs, est présentée à M. le président du tribunal de première instance du lieu, où la contrefaçon a eu lieu. Dans cette requête, le breveté expose qu'il a obtenu un brevet pour telle invention, perfectionnement ou importation, et que tels et tels violent son privilége exclusif, en se livrant à la fabrication ou à la vente des objets brevetés à son profit : il prie en conséquence M. le président de commettre soit un juge de paix, soit un commissaire de police ou un huissier, à l'effet de faire aux risques et périls du breveté, des perquisitions dans le domicile, les magasins ou ateliers des personnes arguées de contrefaçon, pour découvrir, décrire et mettre sous les scellés les objets contrefaits.

A l'appui de cette requête, qui doit être contresignée par un avoué, le requérant doit déposer son certificat de demande, délivré par le ministre du commerce, à l'effet de justifier de sa qualité.

Sur cette requête, le président du tribunal commet soit le juge de paix, soit le commissaire de police du lieu où réside la personne arguée de contrefaçon, soit même un huissier.

Si le président commet un huissier, il l'autorise en même temps à se faire assister du commissaire de police du quartier : l'avoué qui contresigne la requête, doit, dans ce cas, veiller à ce que cette autorisation soit donnée, sans laquelle la tentative de saisie pourrait bien n'obtenir aucun effet.

La présence du commissaire de police est nécessaire pour assurer dans ce cas la réussite de la saisie, et la constatation de la vérité ; car il a qualité pour pénétrer dans le domicile des citoyens, et en faire défoncer d'autorité les portes dans le cas où on refuserait de les ouvrir.

Si un huissier se présentait pour opérer sa saisie sans être accompagné du commissaire de police, le contrefacteur pourrait lui enjoindre de quitter son domicile, et il aurait droit d'employer la force pour l'y contraindre, en cas d'insistance de sa part. L'huissier et le breveté seraient donc dans la nécessité d'aller chercher le commissaire de police, et dans l'intervalle qui s'écoulerait entre la tentative de saisie et l'arrivée du commissaire de police, les objets argués de contrefaçon pourraient être soustraits à tous les yeux, et la saisie, par conséquent, n'amenerait aucun résultat.

Une autre raison exige, dans les opérations de ce genre, l'assistance du commissaire de police, c'est que sa présence suffit pour prévenir les rixes qui pourraient avoir lieu entre le breveté et le prétendu contrefacteur.

Il peut arriver que la personne arguée de contrefaçon ait, outre son domicile ou établissement principal, une résidence ou une fabrique dans laquelle il peut être important de faire une perquisition simultanément, pour empêcher qu'averti par une saisie pratiquée dans l'un de ces deux endroits, le contrefacteur ne fasse disparaître de l'autre les objets argués de contrefaçon.

Si la résidence ou fabrique et le domicile sont dans le ressort du même tribunal de première instance, ce qui aura lieu le plus souvent, il n'y a pas grande difficulté, car le président peut commettre deux personnes pour opérer à la même heure une saisie à chacun des deux endroits. Mais si la résidence ou fabrique et le domicile de la personne arguée de contrefaçon sont situés dans deux ressorts différents, cette circonstance doit être énoncée dans la requête, et le breveté doit prier le président de vouloir bien adresser une commission, soit au juge de paix, soit au commissaire de police, afin de faire constater l'existence de la contrefaçon et de décrire les objets contrefaits trouvés en possession du contrefacteur, et les machines qui auraient pu avoir servi à la fabrication des objets contrefaits.

Sur le vu de l'ordonnance du président du tribunal, le juge de paix, s'il a été commis, se transporte avec son greffier au domicile de la personne prévenue de contrefaçon, procède à la recherche des objets contrefaits sur la désignation qui en est faite par le breveté. Le greffier dresse un procès-verbal contenant une description détaillée de tous les articles supposés contrefaits, leur nombre et l'état dans lequel ils sont trouvés.

L'individu chez lequel la saisie est effectuée peut faire consigner au procès-verbal toutes protestations et réserves contre lesquelles le saisissant fait de son côté toutes protestations pour la conservation de ses droits.

Les scellés sont apposés sur tous les objets contrefaits, s'ils ne sont pas trop nombreux ou trop volumineux ; mais autrement, sur un nombre suffisant pour assurer la manifestation de la vérité et servir de pièces de comparaison quand la cause sera portée devant le tribunal. La personne, chez qui la saisie a été opérée, peut être constituée gardienne judiciaire des articles saisis. Cette mesure n'est accompagnée d'aucun risque, la loi frappant de peines très sévères les personnes qui brisent les scellés confiés à leur garde, et en outre la contrefaçon serait alors regardée comme certaine. Cependant, le juge de paix ou l'officier ministériel commis, peut, si bon lui semble, nommer un autre gardien.

Quelquefois, quand il s'agit soit d'une machine fonctionnant, soit d'un appareil dont on ne pourrait arrêter l'action sans causer un préjudice considérable, qui retomberait sur le breveté dans le cas où sa poursuite serait déclarée non fondée, on se contente d'une description et de l'engagement de la personne saisie de représenter l'appareil ou la machine à toutes réquisitions.

Quand le breveté a ainsi obtenu des preuves matérielles de la contrefaçon, il doit se présenter au parquet du procureur du roi pour obtenir indication de jour pour assigner le prévenu.

SECTION IX.

LES DÉBATS.

Au jour indiqué, les parties comparaissent en personne ou par fondés de pouvoir, avec leurs avocats respectifs. Les débats sont publics et ont lieu au tribunal de police correctionnelle.

En France, un breveté n'est pas obligé, comme il l'est par les lois anglaise et américaine, de prouver, à l'appui de son action en contrefaçon, que l'invention est nouvelle et inconnue au commerce et au public ; qu'il en a donné une description exacte et fidèle, de manière à rendre une personne, d'une habileté ordinaire dans la partie, capable de faire la chose pour laquelle le brevet a été accordé : son titre de breveté est une présomption suffisante en sa faveur. Si le brevet est pour importation, le breveté n'est pas obligé de nommer le pays d'où il a importé l'invention, ni d'indiquer la date du brevet étranger, ni le nombre d'années pour lequel le brevet a été accordé à l'étranger.

Il n'est pas forcé non plus de prouver que l'invention, qu'il déclare avoir importée, a été précédemment brevetée dans aucun pays étranger. Le brevet est supposé valable jusqu'à ce que le contraire soit prouvé.

Le breveté, à l'appui de sa demande, produit :

1° Le certificat provisoire de sa demande, qui contient la description de l'invention.

2° L'ordonnance royale qui a confirmé le certificat provisoire, si elle a déjà été rendue : si elle n'a pas encore été publiée, le certificat provisoire suffit pour établir ses droits comme breveté.

Il faut qu'il prouve, en outre, pour établir le délit de contrefaçon, que le défendeur a employé, fabriqué, vendu ou détaillé des objets ou des machines faites par les mêmes moyens, par le même procédé et sur le même plan que ceux pour lesquels il a un privilége ; et, pour établir ces points, il compare les objets fabriqués en vertu de son brevet avec ceux qui ont été saisis ou décrits par ordre du magistrat.

Il peut en outre prouver la contrefaçon en produisant des témoins qui ont vu le défendeur contrefaire l'invention du breveté, ou qui l'ont vu vendre les articles contrefaits.

Comme il arrive souvent que la contrefaçon a été déguisée en changeant les proportions ou la forme, en ajoutant des ornements ou d'autres modifications extérieures, le breveté est tenu de prouver que, malgré ces changements, la machine est néanmoins identique, et le résultat le même que celui obtenu par lui, et que le plagiat est total ou partiel.

Il doit aussi, s'il en est requis, justifier qu'il a exécuté son invention et exploité son brevet avant l'expiration de deux ans, à partir de la date du certificat.

Il doit aussi, si l'on le requiert, justifier qu'il a payé la seconde moitié de la taxe du brevet, ou qu'il a obtenu un sursis du ministre.

Si le défendeur ou les défendeurs admettent la contrefaçon, ce qui n'arrivera que rarement, le tribunal peut prononcer son jugement de suite; mais en général, pour échapper à la condamnation, ils déclareront et offriront de prouver, qu'il n'y a pas identité entre l'invention qu'ils exploitent et celle pour laquelle le brevet a été accordé, que, par conséquent, il n'y a pas contrefaçon.

Quand le tribunal ne croit pas devoir s'en rapporter à ses propres lumières pour décider s'il y a ou non contrefaçon de la part du défendeur, il a recours d'office ou sur la demande des parties, ou de l'une d'elles, soit à un rapport d'experts, soit à une enquête. Quelquefois il ordonne la comparution des parties en personne.

Quoique ces divers moyens d'instruction soient consignés dans le Code de procédure, comme c'est pour les industriels que j'écris, j'ai cru devoir les expliquer ici, afin de ne rien omettre de ce qu'il importe à un breveté de savoir.

§ 1er.

DU RAPPORT D'EXPERTS.

Un rapport d'experts est un compte que des experts rendent à la justice de l'examen qu'elle leur a confié d'un point de difficulté, qui ne peut être éclairci que d'après les règles de leur art, avec leur opinion sur ce point.

Les experts, nommés dans les affaires relatives aux brevets d'invention, sont ordinairement au nombre de trois; quelquefois, pourtant, on ne nomme qu'un seul expert. On les dispense généralement de prêter serment pour éviter les frais et les lenteurs. Ils sont choisis d'ordinaire parmi les hommes que l'opinion publique désigne comme pourvus de connaissances spéciales, ou comme exerçant avec honneur une profession à laquelle se rattache l'invention brevetée. Ces experts doivent examiner l'invention, la spécification ou description dans laquelle le breveté a déposé ses moyens de fabrication, les objets supposés contrefaits, et donner des réponses aux questions suivantes :

1° Y a-t-il identité entre les objets de contrefaçon et

ceux fabriqués en vertu de la description déposée par le breveté à l'appui de sa demande du brevet?

2° Y a-t-il contrefaçon de la part du breveté?

Ces experts examinent l'invention du breveté, sa spécification et les contrefaçons supposées; demandent aux parties tous les renseignements qu'ils croient nécessaires; et quand leur religion est suffisamment éclairée, ils font un rapport qu'ils déposent au greffe du tribunal de police correctionnelle.

Le rapport est levé et signifié par la partie la plus diligente avec citation pour venir plaider.

§ 2.

DE L'INTERROGATOIRE SUR FAITS ET ARTICLES.

L'interrogatoire sur faits et articles est une voie par laquelle une partie à qui un fait est dénié par son adversaire, fait questionner celui-ci sur ce fait et ses circonstances, pour en obtenir l'aveu, soit directement, soit indirectement.

Les parties peuvent se faire interroger respectivement; ainsi, le poursuivant en contrefaçon peut faire interroger le défendeur, si celui-ci nie, lorsqu'il n'y a pas de preuves contre lui. Le défendeur peut faire interroger le demandeur qui dénie un fait allégué; par exemple, une permission qu'il aurait donnée de fabriquer les objets argués de contrefaçon.

Il faut que les faits soient pertinents, c'est-à-dire

qu'ils ne concernent que la matière dont il est question ; qu'ils soient concluants, c'est-à-dire qu'ils soient tels qu'en les supposant prouvés, il y ait lieu de conclure que celui qui les invoque doit avoir gain de cause.

On demande l'interrogatoire par une requête contenant les faits sur lesquels on veut faire interroger. Sur cette requête, le tribunal rend un jugement qui ordonne l'interrogatoire.

Ce jugement est signifié par un huissier commis à cet effet, pour éviter les surprises ; l'exploit contient citation pour venir répondre sur les faits énoncés au jugement.

Il doit y avoir au moins vingt-quatre heures d'intervalle entre cette assignation et l'interrogatoire, afin que la personne puisse se rappeler les faits. Au jour indiqué elle doit se présenter en personne, ne peut lire aucun projet de réponse par écrit, et ne peut se faire assister de conseil. Elle doit répondre sur les faits énoncés dans la requête, laquelle lui a été signifiée.

Le juge peut aussi l'interroger d'office, sur des faits qu'on ne lui signifie pas, afin qu'elle ne puisse préparer ses réponses. L'interrogatoire fini, la partie qui veut en faire usage le signifie à l'autre .

§ 3.

COMPARUTION DES PARTIES EN PERSONNE.

La comparution des parties en personne peut être ordonnée d'office, ou sur la demande de l'une des parties, lorsqu'il est nécessaire d'entendre les parties elles-mêmes pour connaître la vérité.

La comparution des parties en personne est ordonnée quand on désire leur adresser des questions sur des faits de la cause, qui sont à leur connaissance personnelle.

Le jugement, qui ordonne la comparution des parties, indique le jour où elle aura lieu, au moyen de quoi il n'est pas nécessaire de signifier le jugement.

Au jour indiqué, le juge interroge les deux parties ou une seule, en présence l'une de l'autre ou séparément, le tout suivant qu'il l'estime convenable.

§ 4.

DE L'ENQUÊTE.

Quand une enquête est demandée, le tribunal peut ordonner que les témoins indiqués par la partie qui a demandé l'enquête seront par elle cités, pour venir déposer, en l'audience publique et à un jour fixé.

Le jugement contient la mention des faits à prouver; la partie qui a obtenu l'enquête lève le jugement, le signifie à la partie adverse, et assigne directement les témoins aux jour et heure indiqués, sans qu'elle soit tenue d'obtenir sur requête l'autorisation du juge-commissaire, comme cela a lieu pour les enquêtes purement civiles.

Les témoins appelés à déposer doivent recevoir copie du dispositif du jugement, seulement en ce qui concerne les faits à prouver.

La partie adverse est citée pour être présente à l'enquête. On lui notifie les noms, prénoms, professions et domiciles des témoins que l'on veut produire contre elle, et cela trois jours au moins avant leur audition, afin qu'elle puisse les reprocher, s'il y a lieu.

Chaque témoin déclare, avant d'être entendu :

1° Ses nom, profession et domicile ;

2° Son âge, afin qu'on voie s'il n'est pas impubère, auquel cas on aura tel égard que de raison à sa déposition ;

3° S'il est parent ou allié d'une des parties, à quel degré ;

4° S'il est serviteur ou domestique de l'une d'elles, pour voir s'il est reprochable, ce que l'autre partie pourrait ignorer ; enfin s'il fait serment de dire la vérité, le tout à peine de nullité.

Aussitôt après cette déclaration, la partie contre laquelle est produite le témoin doit proposer les reproches contre ce témoin, si elle en a ; après la déposition, on n'est plus admis qu'à proposer les reproches justifiés par écrit.

On peut reprocher :

1° Les parents ou alliés de l'une ou de l'autre partie jusqu'au degré de cousin issu de germain inclusivement ;

2° Les parents ou alliés des conjoints et des parties au degré ci-dessus, si le conjoint est vivant, ou si la partie ou le témoin a des enfants vivants.

En cas que le conjoint soit décédé et qu'il n'ait pas laissé de descendants, pourront être reprochés les parents et alliés en ligne directe, les frères, les beaufrères, sœurs et belles-sœurs du conjoint.

3° Le témoin héritier présomptif;

4° Le témoin donataire;

5° Celui qui a bu ou mangé avec la partie et à ses frais, depuis la prononciation du jugement qui a ordonné l'enquête;

6° Celui qui a donné des certificats sur les frais relatifs au procès;

7° Les serviteurs ou domestiques;

8° Les témoins en état d'accusation;

9° Celui qui a été condamné à une peine afflictive ou infamante, ou même à une peine correctionnelle.

Le témoin reproché sera entendu dans sa déposition, si le tribunal le juge convenable, et dans le cas où le reproche ne lui paraîtrait pas fondé, car le tribunal est compétent pour juger le reproche.

Le témoin doit déposer de vive voix, sans pouvoir lire aucun projet écrit.

Le juge peut faire d'office les interpellations qu'il estime convenables, pour que le témoin éclaircisse sa déposition si elle est obscure, la rectifie si elle est fausse, et la complète si elle est insuffisante.

Les parties ne peuvent faire aucune interpellation directe aux témoins, mais elles doivent s'adresser au président, qui, lui-même, transmet aux témoins les questions des parties.

Les parties ne peuvent interrompre les témoins pendant qu'ils déposent, mais elles doivent attendre que la déposition soit achevée.

L'enquête ainsi faite ne donne lieu à aucune écriture; elle a lieu de vive voix à l'audience, et n'est pas soumise aux formalités prescrites par la loi civile pour ces voies d'instruction. Si cependant l'affaire était compliquée de détails, le tribunal pourrait ordonner que l'enquête aurait lieu devant un juge-commissaire. Toutes les fois qu'une enquête est ordonnée à la requête d'une des parties, la contre-enquête est de droit.

SECTION X.

MOYENS QUE PEUT FAIRE VALOIR LE POURSUIVANT EN CONTREFAÇON.

Ici trois cas peuvent se présenter relativement aux droits conférés par le brevet.

1° Celui où le brevet a été obtenu pour une machine et des produits entièrement nouveaux et inconnus ;

2° Celui où le brevet a été accordé pour des nouveaux produits obtenus par l'emploi de moyens connus;

3° Celui où le brevet porte sur de nouveaux moyens d'obtenir des produits connus.

Dans le premier cas, le privilége est pour le producteur et le produit;

Dans le second, pour les produits ;

Dans le troisième cas, pour le producteur.

Nous allons examiner successivement ces trois positions.

Dans le premier cas, le breveté doit établir par tous

les moyens en son pouvoir, que le poursuivi a fabriqué, recélé, vendu ou débité des produits identiques
avec ceux pour lesquels le brevet a été accordé ; que
ces produits sont obtenus par les mêmes agents mécaniques fonctionnant d'après les mêmes principes et
donnant les mêmes effets ; qu'en supposant qu'il n'y
ait pas identité parfaite soit dans le producteur, soit
dans les produits obtenus, les différences ne sont pas
essentielles ; qu'elles ne portent ni sur les principes
caractéristiques du producteur, ni sur la nature des
produits eux-mêmes, mais seulement sur la forme ou
sur les dimensions ; que ce sont des modifications in-
troduites pour déguiser la contrefaçon et masquer le
plagiat.

Dans le second cas, qu'il y a imitation plus ou moins
complète, plus ou moins habilement déguisée des
produits brevetés.

Dans le troisième cas, que l'idée-mère qui a présidé
à la constitution de la machine, la base fondamentale
de tout le mécanisme a été copiée par le prévenu de
contrefaçon ; que les moyens par lui employés sont
exactement semblables à ceux consignés par le breveté dans son mémoire descriptif, dont copie est an-
nexée au certificat de demande ; qu'en supposant qu'il
existe de légères différences entre les deux procédés,
ces différences ne sont qu'apparentes, qu'elles n'exercent aucune influence sur les résultats ; qu'enfin, la
contrefaçon est totale ou partielle.

Indépendamment de tous les autres moyens de
fait et de droit qu'il peut faire valoir, le poursuivant
se prévaut du rapport des experts, des dépositions

faites par les témoins entendus dans l'enquête, des aveux qui ont pu être faits par la partie, et conclut à ce que le tribunal déclare la contrefaçon constante, qu'il ordonne la confiscation au profit du breveté des objets reconnus contrefaits, qu'il condamne le défendeur, et par corps en des dommages intérêts dont le breveté formule le montant, en outre à l'amende conformément à la loi, à l'affiche du jugement à intervenir aux frais du défendeur comme aussi à l'insertion à ses frais du dit jugement, dans les journaux de la capitale et de la province, et enfin en tous les dépens.

SECTION XI.

DÉFENSE A L'ACTION EN CONTREFAÇON INTENTÉE PAR UN BREVETÉ.

Le défendeur peut repousser l'action en contrefaçon de deux manières, soit en contestant l'identité de l'invention qu'il exploite avec l'invention brevetée, soit en attaquant le brevet lui-même et en prétendant qu'il doit être écarté parce qu'il est entaché de quelque vice.

§ 1er.

EXCEPTION DE NON IDENTITÉ.

Le défendeur se prévaut autant que possible, du rapport fait par les experts nommés, ou l'attaque s'il lui est contraire. Il se prévaut pareillement s'il le peut, des dépositions des témoins entendus dans l'enquête ou les attaque en faisant ressortir l'incohérence et la contradiction des réponses. Il s'arme des aveux faits par la partie, soit lors de sa composition en personne, soit dans l'interrogatoire sur faits et articles.

Si ces moyens lui manquent, il commence par soutenir qu'il n'y a pas identité parfaite entre les produits brevetés et ceux qu'il a confectionnés ; il fait ressortir les différences qui peuvent exister, et s'en appuie pour prouver qu'il n'y a pas contrefaçon.

§ 2.

EXCEPTION DE DÉCHÉANCE.

Les exceptions de ce genre, autrefois étaient jugées et appréciées par le juge de paix, qui était à la fois juge de l'action intentée en vertu d'un brevet, et de l'exception tendant à faire écarter ce même brevet. La loi sur les justices de paix, qui a attribué la connaissance des contrefaçons aux tribunaux de police correctionnelle, ne les a pas rendus juges des exceptions, tendant à porter atteinte aux brevets invoqués, cela résulte formellement de l'exposé des motifs et de la discussion. L'appréciation de ces moyens est exclusivement réservée à la connaissance des tribunaux civils.

Aujourd'hui donc, du moment que les exceptions de déchéance sont proposées, le tribunal de police correctionnelle devra surseoir à statuer sur la question de contrefaçon, jusqu'à ce que le défendeur ait fait juger l'exception par le tribunal civil.

Cette exception soulevée suspend la compétence du tribunal correctionnel, et le renvoi à fins civiles est inévitable.

Cette exception, tenant à la matière elle-même, peut être proposée en tout état de cause et aussi sur appel, quand même on ne l'aurait pas invoquée en première instance.

Si une des parties ne demandait pas le renvoi, il devrait être ordonné d'office, et si le tribunal correctionnel prenait connaissance de l'exception de [dé-chéance et fondait sur l'appréciation de cette exception sa décision relativement à l'action en contrefaçon, le jugement ainsi rendu serait infailliblement réformé sur appel ou cassé par la cour suprême.

La seule exception qu'on puisse opposer contre le brevet, et que le tribunal de police correctionnelle soit appelé à juger, c'est que le dit brevet a cessé d'exister par l'expiration du terme pour lequel il avait été accordé, et la simple inspection de la date du dit brevet serait suffisante pour mettre le tribunal à même de prononcer sur cette exception.

SECTION XII.

RENVOI DEVANT LE TRIBUNAL CIVIL.

Dans tous les autres cas où des exceptions sur la validité du brevet seront opposées, le tribunal de police correctionnelle se déclarera incompétent et renverra l'affaire devant le tribunal qui en doit connaître.

§ 1er.

APPEL DU JUGEMENT DE RENVOI.

On peut interjeter appel du jugement qui a renvoyé les parties pour faire juger les exceptions par le tribunal compétent, sur le fondement que les exceptions opposées ne sont pas, en les supposant admises, de nature à entraîner la déchéance du brevet. Cet appel doit être fait dans les dix jours.

§ 2.

POURVOI EN CASSATION.

On peut, quelle que soit la décision de la cour royale, chambre des appels de la police correctionnelle, soumettre cette décision à la censure de la cour de cassation. Quand la cour de cassation a prononcé, on porte la cause devant le tribunal civil, si le pourvoi est rejeté et si l'arrêt de la cour royale a confirmé le renvoi.

Dans le cas où l'arrêt de la cour royale serait cassé, la cause devrait être portée devant la cour royale indiquée par la cour de cassation.

SECTION XIII.

INSTANCE SUR LES EXCEPTIONS DE DÉCHÉANCE DEVANT LE TRIBUNAL CIVIL.

—

Les exceptions de déchéance que l'on peut opposer à un brevet sont au nombre de huit :

1° La possession antérieure de l'invention ;

2° La description dans un ouvrage imprimé et publié ;

3° L'obscurité, l'insuffisance de la description ;

4° Le défaut d'exécution du brevet dans les deux premières années de sa concession ;

5° L'obtention subséquente de brevet en pays étranger pour la même invention ;

6° Le défaut de paiement de la taxe ;

7° L'exploitation du brevet par actions, sans avoir préalablement obtenu l'autorisation du gouvernement;

8° La réunion en un seul brevet de plusieurs inventions ne formant pas les parties nécessaires d'un même système.

Nous allons examiner rapidement ces exceptions ; et d'abord nous ferons observer que la preuve testimoniale admise par la jurisprudence en matière d'exceptions de déchéance , quand elles étaient décidées par le juge appelé à prononcer sur l'action en contrefaçon , serait pareillement admise aujourd'hui par le tribunal civil. Ainsi, le poursuivi en contrefaçon , exceptionnellement demandeur en déchéance , pourrait prouver par témoins qu'il était, lui personnellement , en possession de l'invention antérieurement au brevet ; que la dite invention était pratiquée par d'autres avant la date du privilége ; que l'inventeur avait subséquemment pris un brevet en pays étranger ; qu'il n'a pas mis en pratique son brevet dans les deux premières années , etc. Si une de ces exceptions est prouvée, le breveté est déclaré non-recevable dans sa poursuite en contrefaçon. Nous verrons dans la section XVIII les conséquences qui résulteraient de cette décision, relativement au brevet.

§ 1er.

DE LA POSSESSION ANTÉRIEURE AU BREVET.

Les individus poursuivis pour contrefaçon peuvent repousser l'action du breveté en maintenant que l'invention brevetée n'est pas nouvelle, que d'autres personnes en ont fait usage avant la demande du brevet.

Ils ne sont pas astreints à prouver qu'ils ont eux-mêmes pratiqué l'invention antérieurement au brevet, il suffit qu'ils puissent établir qu'elle a été employée par d'autres personnes, ou qu'ils produisent des témoins qui viennent déclarer qu'ils ont employé ou vu employer le procédé dont s'agit avant l'époque où la demande du brevet a été faite.

Il ne suffirait pas que l'on prouvât que la chose a été fabriquée en secret, il faut pareillement prouver qu'elle a été rendue publique, soit par la vente, soit de toute autre manière.

Si l'invention, sans être brevetée à l'étranger, y était employée généralement, quoiqu'elle fût inconnue en France antérieurement au brevet, le défendeur peut soutenir avec raison que l'invention ou importation supposée était d'un usage libre en pays étranger, et ne pouvait pas devenir l'objet d'un brevet en France, et si le défendeur peut prouver ce point, le breveté est déclaré non recevable.

❦

§ 2.

DESCRIPTION DANS UN OUVRAGE IMPRIMÉ ET PUBLIÉ.

—

Si le procédé a été décrit et imprimé dans un ouvrage ou écrit périodique ou autre, qui a été publié, soit en France, soit en pays étranger, quelle que soit la langue dans laquelle l'ouvrage a pu être écrit, le défendeur n'a qu'à produire le livre ou l'ouvrage pé-

riodique contenant la description, pour faire déclarer
le demandeur non recevable, attendu que la prétendue
invention était connue avant la demande du brevet.

§ 3.

OBSCURITÉ OU INSUFFISANCE DE LA DESCRIPTION.

On peut toujours critiquer la spécification du brevet
et soutenir qu'elle n'est pas assez explicite ni assez
exacte. Si de l'examen comparé de la description contenue dans le certificat provisoire avec l'objet fabriqué
d'après le procédé décrit, il résulte clairement que ce
procédé ne suffit pas pour produire l'effet que l'on s'est
proposé, et si le breveté ne justifie pas de brevets
pour additions ou améliorations, il peut être déclaré
non recevable, sur le motif que la description n'est pas
suffisamment exacte. Il est toujours permis au défendeur de prouver que le breveté n'a pas révélé ses
moyens les meilleurs et les plus avantageux, ou que son
procédé ne peut pas produire l'effet indiqué. S'il admi-
nistre des preuves complètes à cet égard, le breveté
doit être déclaré non recevable dans son action en
contrefaçon, sans préjudice des dommages-intérêts et
autres condamnations dont sera ci-après parlé.

§ 4.

DÉFAUT D'EXPLOITATION DANS LES DEUX PREMIÈRES ANNÉES.

—

Si le breveté n'a pas exploité son brevet dans les deux premières années de sa jouissance et qu'il ne justifie pas de motifs suffisants pour servir d'excuse à son inaction, la déchéance sera prononcée.

Les juges sont très-sévères sur ce point. Ils ne regardent jamais comme une exécution réelle de simples expériences ou essais, quoique faits sur une grande échelle, ni la fabrication ou l'établissement de modèles, ils demandent toujours la preuve d'une mise en activité réelle.

Un breveté d'importation doit fabriquer en France pour exécuter son brevet; il ne l'exécute pas en se contentant de vendre, en vertu de son brevet, des marchandises qu'il tire de l'étranger.

Le tribunal est également sévère dans l'appréciation des motifs allégués comme excuses de l'inaction du breveté. Ces motifs doivent être tels, que les juges demeurent convaincus que des circonstances imprévues ont mis le breveté dans l'impossibilité d'exécuter son invention.

§ 5.

OBTENTION SUBSÉQUENTE D'UN BREVET EN PAYS ÉTRANGER.

S'il était prouvé que le titulaire du brevet français avait pris un brevet dans un pays étranger pour la même invention déjà brevetée en sa faveur par le gouvernement français, la déchéance du brevet serait infailliblement prononcée.

S'il était établi que le co-propriétaire par achat d'un brevet avait pris, postérieurement à son acte d'acquisition, un brevet en pays étranger, ce fait suffirait pour annuler le brevet français, attendu l'indivisibilité du titre.

§ 6.

DEFAUT DE PAIEMENT DE LA TAXE.

Si le breveté n'avait pas complété le paiement de la taxe au temps fixé, le brevet pourrait être déclaré déchu, parce que le paiement de la taxe est une des conditions nécessaires de la concession des brevets.

§ 7.

EXPLOITATION DU BREVET PAR ACTIONS SANS AUTORISATION.

—

Cette cause de déchéance des brevets est fondée sur les termes de l'art. 16, titre II, de la loi du 25 mai 1791, combinés avec ceux du décret du 25 novembre 1806. Nous avons donné à cette cause de nullité des brevets un grand développement, p. 127 et suivantes, nous y renvoyons nos lecteurs.

—

§ 8.

PLUSIEURS INVENTIONS COMPRISES DANS LE MÊME BREVET.

—

Cette cause de nullité est une conséquence nécessaire de la taxe à laquelle est assujettie la concession d'un brevet. Le paiement de la taxe est une des conditions imposées par la loi. Si donc une seule demande renfermait plusieurs inventions distinctes, il n'y aurait qu'une taxe payée pendant que plusieurs inventions seraient protégées, ce qui serait contraire à l'esprit et à la lettre de la loi. La concession ayant lieu de la part du gouvernement, sans aucune garantie, c'est aux tribunaux qu'il appartient de décider si le brevet est complexe ou s'il ne renferme que les parties

nécessaires d'un même système , ainsi que nous l'avons
vu ci-devant, page 52.

OBSERVATION. Il est clair que le défendeur à l'action en
contrefaçon et demandeur en l'exception de déchéance
ne pourrait pas prétendre que l'exécution de l'invention
brevetée est contraire à la loi, et que par conséquent
le brevet est nul ; parce que ce serait de sa part un
aveu qu'il se serait livré sciemment à l'exploitation
d'une invention illégale, aveu qui pourrait l'exposer
à des poursuites correctionnelles comme complice du
délit. Si un pareil brevet avait été accordé, il devrait
être annulé sur la poursuite du procureur du roi, et
le breveté pourrait être l'objet de poursuites correctionnelles ou criminelles, selon la gravité du cas.

SECTION XIV.

JUGEMENT SUR LES EXCEPTIONS PAR LE TRIBUNAL CIVIL.

Quand le tribunal civil a prononcé sur les exceptions
de déchéance opposées par le défendeur en contrefaçon,
si la partie condamnée acquiesce à ce jugement, ce qui
aura très rarement lieu , les parties pourront se présenter de suite devant le tribunal de police correctionnelle ; dans le cas contraire, il y aura appel.

§ 1er.

APPEL DU JUGEMENT DU TRIBUNAL CIVIL SUR LES EXCEPTIONS.

—

L'appel du jugement du tribunal civil peut avoir lieu dans les trois mois de la signification à partie ou à domicile. Cet appel est porté devant la cour royale dans le ressort de laquelle se trouve le tribunal qui a jugé les exceptions.

§ 2.

POURVOI EN CASSATION CONTRE L'ARRÊT SUR LES EXCEPTIONS.

—

Sur la décision de la cour royale, quelle qu'elle soit, on peut se pourvoir en cassation dans les trois mois de la signification de l'arrêt rendu par la cour royale : si cette décision est cassée par la cour de cassation, l'arrêt de celle-ci indique la cour royale devant laquelle la cause est renvoyée pour être jugée.

SECTION XV.

SUSPENSION DE LA POURSUITE EN CONTREFAÇON, PAR SUITE D'UNE ACTION PRINCIPALE EN DÉCHÉANCE.

—

Nous avons vu les diverses exceptions que l'on peut opposer à un breveté et au moyen desquelles on peut suspendre les poursuites en contrefaçon. Le même sursis a lieu par l'introduction d'une action principale en déchéance , devant le tribunal civil de première instance. Comme l'action principale en déchéance a pour effet de mettre en question la validité du brevet contre lequel elle est dirigée, il en résulte que toute poursuite en contrefaçon, commencée par le breveté contre la personne qui a depuis attaqué le brevet par action principale en déchéance, se trouve forcément suspendue. En effet , pour qu'il puisse y avoir contrefaçon d'une invention brevetée, et atteinte portée au privilége , il faut bien qu'il soit constant que ce privilége existe. Or , cette question de l'existence du privilége ne peut être vidée que par la décision à intervenir sur l'action en déchéance. Il y a donc nécessité absolue de suspendre les poursuites en contrefaçon, quand elles sont exercées contre la personne qui a postérieurement intenté l'action en déchéance devant le tribunal civil de première instance.

Il y aurait aussi sursis si le breveté attaquait une personne pour contrefaçon, pendant que la validité de son privilége serait soumise à l'appréciation des tribunaux , quand même il leur eût été déféré par une autre personne ; car le brevet, s'il est valable, existe contre tous, s'il est anéanti, l'invention qu'il protégeait devient la proie d'une concurrence sans limites.

Nous avons énoncé les causes de déchéance et indiqué les personnes qui peuvent les invoquer par action principale. Nous avons désigné les tribunaux qui sont appelés à en connaître ; nous avons aussi expliqué la nature des preuves admises à l'appui de ces actions, quand la nullité est fondée sur le défaut de nouveauté, nous renverrons à cet égard nos lecteurs aux pages 134 et suivantes de ce traité.

Tous les autres moyens qui peuvent être opposés au brevet par voie d'exception, tels que ceux expliqués section XIII, § 2, 3, 4, 5, 6, 7 et 8, peuvent aussi servir de fondement à une action principale en déchéance.

Quand l'action en déchéance a été tranchée par jugement des tribunaux, on retourne à la police correctionnelle pour y faire vider la question de contrefaçon, qui suit alors la marche et produit les effets que nous indiquerons dans les sections suivantes.

SECTION XVI.

RETOUR A LA POLICE CORRECTIONNELLE.

Quand la décision des tribunaux civils a été confirmée, infirmée ou modifiée par les cours royales, ou que la partie condamnée a acquiescé aux condamnations contre elle prononcées, ou bien qu'elle a laissé s'écouler

le délai légal sans se pourvoir, l'affaire revient à la
police correctionnelle. Si le brevet a été maintenu,
ce tribunal examine alors la question de contrefaçon,
d'identité de fabrication ; si le brevet a été annulé, le
tribunal apprécie les dommages causés, et accorde une
indemnité proportionnée au trouble souffert. Nous
allons examiner, selon les différents cas, les conséquences de la décision qui peut être rendue par le tribunal.

SECTION XVII.

JUGEMENT EN FAVEUR DU BREVETÉ.

Quand le breveté gagne sa cause, le défendeur est
condamné :

1° A la confiscation des objets contrefaits ;

2° Aux dommages-intérêts arbitrés par le tribunal ;

3° A une amende égale au quart des dommages-intérêts, sans que, dans aucun cas, cette amende puisse
s'élever à plus de 3,000 fr. pour une première condamnation et 6,000 fr. en cas de récidive ;

4° Au paiement des frais d'impression et d'affiches
du jugement de condamnation ;

5° Aux frais du procès qui sont taxés par le juge ;

6° A la contrainte par corps pour le paiement des
dommages-intérêts, de l'amende et des frais du
procès.

Les vendeurs et débitants d'objets déclarés contrefaits sont condamnés solidairement avec le fabricant,
sauf leur recours contre lui.

Des personnes qui pourraient avoir acheté, de bonne foi et pour leur propre usage et non dans la vue d'en faire un commerce, des objets contrefaits et chez qui ils auraient été trouvés par le juge de paix ou par l'huissier commis, ne seraient pas passibles de dommages-intérêts, mais les objets contrefaits seraient confisqués, sauf recours contre les vendeurs.

Il a été jugé que, quand même les personnes, ayant ainsi acheté les objets contrefaits, n'indiqueraient pas les marchands qui les leur auraient vendus, elles ne devraient pas pour cela être réputées complices de la contrefaçon, ni condamnées comme telles à des dommages et à l'amende ; mais la confiscation des objets n'en serait pas moins ordonnée.

§ 1er.

CONFISCATION DES OBJETS CONTREFAITS.

Tous les objets confisqués pour violation d'un brevet sont transférés au breveté. Si son brevet est pour une amélioration d'un article connu, et que l'amélioration ne puisse pas être séparée de l'article même, le tout est attribué au titulaire du brevet. Dans un cas où le brevet portait sur un système de machines destinées à donner au nankin français l'apparence, la forme, le pli et l'apprêt du nankin des Indes, la contrefaçon ayant été prouvée, il fut décidé que non-seulement les machines contrefaites, mais encore le nankin même ainsi préparé, étaient sujets à confiscation.

Dans une espèce ou la contrefaçon portait sur certains mécanismes applicables aux harpes et servant à produire les demi-tons, il a été décidé que non-seulement les mécanismes dont il s'agissait, mais encore les instruments auxquels ils étaient adaptés, étaient sujets à la confiscation.

§ 2.

DOMMAGES-INTÉRÊTS.

Les dommages-intérêts alloués au breveté sont arbitrés par le tribunal en proportion du préjudice souffert. Ils varient nécessairement selon l'importance de l'invention et l'extension de la contrefaçon. Les dommages-intérêts alloués sont simplement la réparation du préjudice pécuniaire que le breveté peut constater, et de celui qu'il a réellement éprouvé. La loi française sur les brevets est, quant aux dommages-intérêts, fort pénale, puisqu'il y a toujours une amende prononcée quand des dommages-intérêts sont accordés; mais l'intention de la loi est de limiter la réparation au préjudice réel, comme dans tous les autres cas où la propriété d'une personne a souffert des atteintes par le fait d'autrui.

Dans les attaques contre la personne ou la réputation d'un individu, par voies de fait ou par diffamation, les juges peuvent, selon les circonstances, accorder des dommages-intérêts, non-seulement proportionnés au préjudice réellement souffert, mais calculés en raison du rang que la partie offensée occupe dans la société, comme compensation suffisante pour l'atteinte qu'elle a pu recevoir dans l'estime publique, atteinte qui blesse si profondément les sentiments d'un homme d'honneur. Mais ces motifs ne peuvent pas recevoir d'application quand il s'agit de la violation d'un droit incorporel, tel que celui résultant d'un brevet, et le législateur a voulu limiter les dommages-intérêts à une somme qui pût offrir au breveté une compensation pour la perte réellement éprouvée, et pour les profits dont il a été indûment privé.

Dans le montant des dommages-intérêts, cependant, il ne faut pas comprendre les honoraires des avocats et quelques autres frais encourus pendant le procès, lesquels, quoique nécessaires pour faire constater les droits résultant du brevet, ne sont pas alloués en taxe.

§ 3.

AMENDE.

L'amende, qui est toujours prononcée quand des dommages-intérêts sont accordés, est fixée par la loi à un quart des dits dommages-intérêts. Cependant le maximum de l'amende est limité à 3,000 fr. pour une première condamnation, et 6,000 fr. pour une seconde. La limitation de l'amende ne restreint en aucune manière le montant des dommages-intérêts pour lesquels le tribunal use d'un pouvoir discrétionnaire.

Le montant de l'amende est versé dans la caisse des pauvres de l'arrondissement où la contrefaçon a été constatée.

---

§ 4.

PUBLICITÉ DONNÉE A LA CONDAMNATION.

Le tribunal peut ordonner l'affiche du jugement qu'il rend, en matière de contrefaçon, quand il considère cette réparation due au breveté, pour l'indemniser de l'étendue et de l'audace de la contrefaçon. Lorsque l'affiche est ordonnée, le jugement imprimé dans son entier, avec les noms des parties, l'énonciation des faits et le résumé des moyens employés tant par le demandeur que par le défendeur, est affiché publiquement aux frais du contrefacteur.

Le jugement fixe toutefois le nombre d'exemplaires qui devront être affichés.

Comme cette publicité par voie d'affiches, donnée à la condamnation, est une peine, le breveté ne peut aggraver la position du contrefacteur ni faire afficher, même à ses frais, un nombre d'exemplaires plus considérable que celui porté dans le jugement, sans s'exposer à des dommages-intérêts.

Mais il a été jugé qu'il pouvait protéger les affiches contre les atteintes auxquelles elles sont généralement exposées, en les garantissant par un treillis, du verre, ou de toute autre manière.

Le tribunal peut pareillement ordonner qu'un extrait du jugement sera inséré dans un ou plusieurs journaux quotidiens publiés, soit dans la capitale, soit dans les départements, et aux frais du contrefacteur.

§ 5.

FRAIS.

Les frais de justice sont toujours alloués à la partie gagnante, même quand on ne lui accorde pas de dommages-intérêts. Le montant des frais est taxé par le tribunal et inséré dans le jugement.

Les honoraires dus aux avocats et aux avoués n'entrent pas en taxe ; c'est à la partie qui a requis leur ministère à s'acquitter envers eux.

§ 6.

CONTRAINTE PAR CORPS POUR LE PAIEMENT DES DOMMAGES-INTÉRÊTS, DE L'AMENDE ET DES FRAIS.

La contrainte par corps, pour le recouvrement de l'amende et des frais taxés par le tribunal, est prononcée contre l'individu convaincu de contrefaçon ; elle a lieu aussi pour le paiement des dommages-intérêts, pourvu que le montant de ceux alloués par le jugement s'élève à trois cents francs.

Le jugement qui, pour assurer le paiement des

dommages-intérêts, accorde la contrainte par corps, doit en fixer la durée ; à défaut de fixation par le tribunal, la contrainte par corps ne peut s'exercer que pendant six mois, qui est le moindre espace de temps pendant lequel elle puisse avoir lieu.

La contrainte par corps offre aux brevetés un moyen efficace d'assurer l'exécution des condamnations qu'ils obtiennent ; on sent, en effet, que les contrefacteurs auraient trop de chances favorables si la ressource de la contrainte par corps n'existait pas en faveur du breveté.

Il leur suffirait de faire imiter les objets brevetés par des individus sans fortune, ou n'ayant aucune fortune apparente : leur insolvabilité réelle ou simulée les mettrait à même de se jouer de toutes les condamnations, et de paralyser entre les mains des inventeurs les droits résultant de leurs brevets.

* * *

SECTION XVIII.

JUGEMENT RENDU CONTRE LE BREVETÉ.

—

Le breveté peut être déclaré non recevable par des motifs de nature différente.

1° S'il n'a pas pu prouver le fait de la contrefaçon, soit parce qu'il n'a point fait mettre sous la main de la justice les objets contrefaits, soit parce que la tentative de saisie n'a produit aucun résultat, soit enfin parce l'acte attribué au défendeur n'a pas été considéré par le tribunal comme une contrefaçon ; il doit, dans ce cas, porter la peine de l'imprudence avec laquelle son action a été engagée.

2° Parce que son brevet a été déclaré par le tribunal civil n'être pas valable en raison du défaut de nouveauté de l'invention, ou en raison de l'inaction du breveté dans les deux premières années de son privilége, ou parce qu'il a été légalement prouvé qu'il a pris à l'étranger un brevet pour la même invention, postérieurement au brevet français.

Si le breveté a été déclaré non recevable en sa poursuite en contrefaçon parce que son brevet a été écarté sur l'exception de déchéance, par le tribunal civil, pour défaut de nouveauté du procédé breveté, pour l'inaction du titulaire pendant les deux premières années de son privilége, ou parce qu'il a pris, postérieurement à l'obtention du brevet français, un brevet en pays étranger pour la même invention, son brevet, sans être anéanti par un pareil jugement, est désormais entre ses mains un titre inutile, et dont il ne peut faire usage sans s'exposer à être déclaré de nouveau non recevable.

Car bien que l'autorité de la chose jugée ne puisse lui être opposée, puisqu'il faut pour cela que la demande soit fondée sur la même cause, qu'elle soit entre les mêmes parties et formée par elles et contre elles en la même qualité, néanmoins, les personnes poursuivies en contrefaçon par le breveté subséquemment au jugement qui l'aurait déclaré non recevable, attendu la nullité de son brevet, ne manqueraient pas de s'appuyer de moyens tirés du défaut de nouveauté ou tous

autres qui auraient fait triompher la première défense, et elles auraient une grande chance de succès.

D'un autre côté, le breveté porteur d'un titre que
la justice a déclaré n'être pas valable, ne pourrait pas
en faire usage contre de prétendus contrefacteurs sans
s'exposer à des dommages-intérêts pour la mitigation
desquels il ne pourrait invoquer sa bonne foi.

Dans tous les cas où le breveté succombe, il est condamné aux dépens, et peut, en outre, être condamné
à des dommages-intérêts, à l'amende et à l'affiche du
jugement et à la contrainte par corps.

§ 1ᵉʳ.

DOMMAGES-INTÉRÊTS PRONONCÉS CONTRE LE BREVETÉ.

Si les poursuites du breveté sont déclarées vexatoires et si elles ont causé un préjudice au poursuivi en
contrefaçon, le breveté doit être condamné à des
dommages-intérêts proportionnés au tort qu'il a causé.
Mais à cet égard, il convient de faire observer que la
saisie, telle qu'elle est effectuée à la requête du breveté et sur l'ordonnance du président, n'offre en elle-
même rien de vexatoire, et qu'elle ne peut, en cas de
non succès de l'action en contrefaçon, donner lieu qu'à
la réparation du préjudice pécuniaire causé, soit en
privant indûment le prétendu contrefacteur d'une machine qui lui appartenait, soit en interrompant ses travaux, en nuisant à son industrie et en portant atteinte à

la vente et au placement des objets sur lesquels on a fait peser le soupçon de contrefaçon.

La saisie n'a pas, en effet, pour résultat de mettre la totalité des objets argués de contrefaçon au pouvoir du saisissant par une confiscation préalable, son effet se borne à la constatation du fait d'où l'on prétend faire résulter la contrefaçon. C'est une voie pour arriver à la vérité que le président du tribunal prend à la requête de la partie intéressée, c'est un acte de pure instruction et non d'exécution ; et si l'on appose des scellés, c'est pour éviter le divertissement des objets présumés contrefaits, ou la substitution d'un objet à un autre ; c'est enfin pour constater l'existence matérielle des faits.

Pour que l'argué de contrefaçon puisse obtenir des dommages-intérêts, il faut qu'il n'y ait rien de déloyal dans sa conduite, qu'il n'ait fait au prétendu breveté qu'une concurrence légitime, qu'il n'ait pas cherché à tromper le public en imitant les factures, marques ou étiquettes du breveté, et à s'emparer ainsi d'une clientelle qui ne lui appartenait pas. Dans tous ces cas, la justice n'accorde pas de dommages-intérêts au poursuivi en contrefaçon, même quand le brevet est écarté.

———•———

§ 2.

AMENDE PRONONCÉE CONTRE LE BREVETÉ.

Toutes les fois que le breveté est condamné à des dommages-intérêts, il est par cela même condamné à une amende dont le maximum est fixé à 3,000 francs pour une première condamnation, et 6,000 en cas de récidive.

L'amende est, en général, limitée au quart des dommages-intérêts sans pourtant qu'elle puisse excéder les sommes ci-dessus.

Pour que le montant de l'amende soit ainsi doublé, il faut que les poursuites déclarées vexatoires aient été dirigées deux fois pour les mêmes faits contre la même personne.

§ 3.

PUBLICITÉ DONNÉE A LA CONDAMNATION DU BREVETÉ.

Les mêmes raisons qui ont déterminé l'affiche du jugement qui condamne le contrefacteur déterminent l'affiche du jugement qui condamne le breveté. Il ne doit pas en effet lui être permis d'abuser de son privilége ni de faire peser sur la tête de fabricants irréprochables le soupçon de contrefaçon, sans qu'une juste publicité proclame l'inanité de ses prétentions et l'innocence des personnes arguées de contrefaçon.

§ 4.

CONTRAINTE PAR CORPS PRONONCÉE CONTRE LE BREVETÉ.

La contrainte par corps offre une garantie pour le paiement des dommages-intérêts, des frais et de l'amende. Il ne doit pas, en effet, être permis d'exercer impunément des poursuites vexatoires contre des fabricants paisibles, sans que la loi offre à ceux-ci, dans la contrainte par corps, des moyens efficaces d'obtenir la réparation du tort qui leur a été fait.

Le jugement doit fixer la durée de la contrainte par corps ; à défaut de fixation, elle ne dure que six mois

§ 5.

FRAIS.

Le breveté qui succombe est toujours condamné aux frais. Le montant en est taxé par le tribunal et inséré dans le jugement.

Les honoraires dus aux avocats et aux avoués n'entrent point en taxe, c'est à la partie qui a requis leur ministère à s'acquitter envers eux.

Quelquefois le tribunal condamne le breveté aux frais pour tous dommages-intérêts. Dans ce cas, il arbitre la somme à laquelle devra se monter l'amende encourue.

SECTION XIX.

DE L'EXÉCUTION PROVISOIRE.

La décision rendue par le tribunal, soit en faveur du breveté, soit en faveur de la personne arguée de contrefaçon, n'est plus exécutoire provisoirement non-obstant appel.

La loi du 25 mai 1791, art. 11 (titre 2), avait déclaré la sentence du juge de paix exécutoire nonobstant appel; mais cette disposition se trouve virtuellement abrogée du moment que la connaissance des actions en contrefaçon est attribuée aux tribunaux de police correctionnelle, dont les décisions toujours pénales sont constamment suspendues dans leur exécution par l'appel.

SECTION XX.

APPEL.

L'appel contre les jugements rendus en police correctionnelle est toujours ouvert à la partie condamnée, quelque minime que soit la condamnation : car devant ce tribunal il ne s'agit plus seulement, comme devant la justice de paix, de l'existence soit d'un privilége, soit d'un droit de fabrication et de vente, qui est nécessairement d'une valeur indéterminée.

Il s'agit encore d'une condamnation prononcée par un tribunal correctionnel, qui porte une atteinte grave à la réputation de celui qui en est frappé. L'appel doit être fait dans les dix jours de la prononciation du jugement, s'il est contradictoire, et dix jours après la signification à personne ou à domicile, si le jugement est par défaut. L'appel s'interjette au moyen d'une déclaration faite au greffe du tribunal qui a rendu le jugement.

La cour royale, chambre des appels de la police correctionnelle, statue sur les appels des jugements rendus en matière de contrefaçon de brevets.

Si la cour trouve sa religion suffisamment éclairée par les voies d'instruction ordonnées par le tribunal de la police correctionnelle, la cause peut être entendue de suite.

Mais si, au contraire, la cause ne paraît pas suffisamment instruite, la cour a recours aux divers moyens que la loi offre pour parvenir à la connaissance de la vérité, et la cause est remise jusqu'à ce qu'on ait complété l'instruction. Aussitôt que cela a eu lieu, la partie la plus diligente assigne l'autre pour plaider sa cause.

La cour confirme, infirme ou modifie la décision des premiers juges. Elle prononce sur le fait de la contrefaçon, sur le montant des dommages-intérêts, sur la quotité de l'amende, sur le nombre des affiches qui seront à la charge de la partie condamnée, et sur la question des dépens.

SECTION XXI.

POURVOI EN CASSATION.

Contre les décisions rendues par les cours royales sur l'appel interjeté, et contre les jugements du tribunal de police correctionnelle qui ont passé en force de chose jugée, un recours est ouvert en cassation, en raison d'irrégularité de la procédure ou de fausse application de la loi. Cette cour ne décide aucune question de fait, elle ne fait qu'examiner si toutes les formalités légales ont été remplies, et si la loi a reçu une juste application.

L'appréciation des faits qui peuvent ou non constituer la contrefaçon, comme de ceux d'où résultent le défaut de nouveauté de l'invention, n'est pas soumise à sa censure.

Si l'arrêt ou le jugement est cassé par suite d'irrégularité dans la procédure ou d'une fausse application de la loi, la cause est renvoyée pour être jugée devant un tribunal d'appel ou de première instance autre que celui qui a déjà prononcé. Il est à remarquer que nous avons dit, un autre tribunal, ce qui établit que la cause ne pourrait pas être portée devant une autre chambre du même tribunal, mais bien devant un tribunal autre que celui qui a déjà statué.

Si la procédure est régulière et que la loi ait été justement appliquée, la cour rejette le pourvoi, et la question est définitivement décidée.

CHAPITRE VI.

SECTION PREMIÈRE.

DE LA CESSATION DES PRIVILÉGES DU BREVETÉ.

Le privilége du breveté cesse de trois manières :

1° Par l'effet d'un jugement ou d'un arrêt devenu définitif et irrévocable, qui a prononcé la déchéance du brevet.

2° Par la renonciation à son titre que le breveté peut faire, pour éviter de payer la seconde moitié de la taxe.

3° Par l'expiration du terme pour lequel le brevet a été accordé.

§ 1er.

DE LA DÉCHÉANCE DES BREVETS.

La déchéance des brevets d'invention, de perfectionnement et d'importation, prononcée par jugement en premier ressort, confirmée sur appel, par suite d'une action principale introduite devant le tribunal civil de première instance, et fondée sur une ou plusieurs des causes de nullité que nous avons ci-devant énumérées et analysées, produit, en outre de l'affranchissement de l'industrie dont s'agit, des effets particuliers, et a fait naître des questions relativement aux condamnations qu'un breveté aurait pu avoir obtenues contre des contrefacteurs antérieurement à la déchéance de son titre.

On s'est demandé si, dans ce cas, le breveté était tenu, du moment que son titre venait à être frappé de déchéance, de rembourser aux contrefacteurs antérieurement condamnés, tous les dommages-intérêts qu'il en avait reçus et de les indemniser des condamnations qu'ils avaient subies.

La cour royale de Paris, dans une espèce assez remarquable, s'est prononcée pour la négative.

En 1829, M. Bronzac, maître de forges, obtint un brevet pour un nouveau système de cheminée, dans lequel le foyer est mobile.

En 1832, il fit condamner M. Millet à 800 fr. de dommages-intérêts et à l'amende, conformément à la loi, et à l'affiche comme contrefacteur.

En 1835, M. Millet fit prononcer la déchéance du brevet de M. Bronzac, attendu que l'invention dont s'agissait avait été publiée et décrite antérieurement au brevet de M. Bronzac, et il demanda contre M. Bronzac des dommages intérêts dont l'importance devait servir à l'indemniser, lui Millet, des condamnations subies et des dépens supportés par lui en 1832.

Mais la cour déclara, par son arrêt, que M. Bronzac ayant fait usage de son titre avec bonne foi, n'était passible d'aucune indemnité envers M. Millet, et ne pouvait être tenu que des frais de l'instance dans laquelle il succombait.

Cette décision nous paraît conforme aux principes de la matière.

§ 2.

RENONCIATION FAITE PAR LE BREVETÉ.

Quand le breveté fait abandon de son titre pour se dispenser de payer la seconde moitié de la taxe, et que l'administration lui donne acte de sa renonciation, le privilége se trouve éteint sans retour.

Mais en est-il de même quand l'administration prononce la déchéance par ordonnance insérée dans le *Moniteur*, sans aucune adhésion de la part du breveté, sans qu'il soit appelé ou entendu, quoiqu'il soit partie intéressée dans l'affaire? nous ne le pensons pas, et nous renvoyons nos lecteurs aux pages 103 et suivantes, où la question a été examinée en détail.

§ 3.

EXPIRATION DU TERME DE LA CONCESSION.

Quand le terme de la concession est expiré, ou lorsque dans le cas de prolongation obtenue, ce dernier terme est écoulé, l'invention appartient au public, suivant la stipulation formelle faite lors de la concession du titre.

SECTION II.

EFFETS DE LA CESSATION DU PRIVILÉGE DU BREVETÉ.

Aussitôt que le privilége a cessé par une des trois causes ci-dessus, la description et les dessins relatifs à l'invention dont s'agit sont publiés dans le recueil officiel, dont un exemplaire, adressé à chacune des préfectures du royaume, peut être consulté par toute personne y ayant intérêt. Les modèles qui peuvent avoir été déposés au Conservatoire des arts et manufactures lors de la demande du brevet, et qui n'étaient pas exposés aux regards du public, sont alors placés dans une des salles d'exposition, et l'industrie dont s'agit devient entièrement libre pour tout le monde.

Lorsqu'un inventeur a donné un nom particulier à son invention, soit son propre nom ou tout autre, à l'expiration du privilége, toute personne a le droit de fabriquer les dits objets, de les désigner et de les annoncer par le nom que l'inventeur primitif leur avait donné. Ainsi le sieur Carcel inventa une lampe mécanique qu'il intitula Lychnomena ou lampe Carcel. Aujourd'hui que son privilége est expiré, tout le monde peut non-seulement fabriquer des lampes d'après le même système, mais encore leur donner le nom de

Carcel, et cela sans être tenu d'obtenir, à cet égard , aucune autorisation pour se servir d'un nom que l'expiration du privilége, qui l'avait consacré , a mis dans le domaine public.

La personne dont la jouissance privative a cessé ne peut plus prendre le titre de *breveté*.

CHAPITRE VII.

Après avoir consacré la plus grande partie de notre vie à l'étude et à la pratique des lois sur les brevets d'invention, nous croyons pouvoir, au moment où l'on s'occupe d'une révision de notre code industriel, exprimer les vœux et les besoins que nous ont souvent manifestés les nombreux artistes-inventeurs avec lesquels nous avons été en rapport.

Les points sur lesquels la société tout entière réclame des modifications importantes dans cette partie de la législation, sont ceux relatifs à la taxe des brevets, et à la manière d'opérer la publication de ces titres. Nous examinerons ces questions en détail.

SECTION PREMIÈRE.

DE LA TAXE DES BREVETS ET DE L'UTILITÉ DE LA RÉDUIRE.

Par la loi de 1791 la taxe sur les brevets est fixée de la manière suivante : à 300 fr., pour un brevet de dix ans, et à 1,500 fr., pour un brevet de quinze ans, non compris les frais accessoires qu'il faut payer à l'administration, et qui s'élèvent à 62 francs, quelle que soit la durée du brevet.

L'arbitraire qui a présidé à la fixation de la taxe frappe au premier coup d'œil. Il n'existe aucune proportion entre le montant des sommes à payer et la durée des brevets. Puisqu'on exigeait 300 fr. pour un brevet de cinq ans, le brevet de dix ans aurait dû être payé 600 fr. , celui de quinze ans 900 francs. On objectera qu'il était naturel d'élever la taxe , dans une progression géométrique , en raison du temps pendant lequel la société sera privée de l'exercice de l'industrie brevetée.

Nous répondrons , en démontrant que les brevets de quinze ans sont les seuls qui offrent des chances de succès ; que la loi de 1791 les a taxés à un prix trop élevé , et que les brevets de cinq et de dix ans ne laissent pas à l'inventeur assez de temps pour qu'il puisse recueillir la récompense due à ses veilles et à ses travaux.

Et d'abord, commençons par écarter deux objections qu'on ne manquerait pas d'élever. Vous vous plaignez, dira-t-on , que la taxe des brevets de quinze ans est trop forte ; mais , considérez bien que la loi n'exige pas que l'on paie comptant la totalité de cette taxe , qu'au contraire on peut n'en acquitter que la moitié au moment où l'on prend le brevet , et obtenir six mois pour se libérer du surplus.

Il est vrai que la loi accorde un délai de six mois pour le paiement de la seconde moitié de la taxe ; mais quel avantage le breveté peut-il en retirer ? Ne faut-il pas toujours qu'il complète le paiement avant que son invention ne soit devenue productive ? L'obtention du titre entraîne un délai de trois mois en-

viron ; de quelle utilité peut être au breveté le peu
de temps qui reste jusqu'à l'échéance de son obligation?
Ne sait-on pas que dans toute entreprise les commen-
cements surtout sont coûteux ; qu'il faut faire des
dépenses avant de faire des recettes, et, comme on
dit, semer pour recueillir. Il demeure donc constant
que le délai de six mois accordé par la loi pour solder
le complément de la taxe n'est d'aucun avantage pour
le breveté.

La seconde objection est celle-ci : La loi permet-
tant de prolonger les brevets dans certains cas, on
peut dire à l'inventeur : si vous n'êtes point en mesure
de payer la taxe d'un brevet de quinze ans, prenez
d'abord un brevet de cinq ou de dix ans, et quand
votre titre sera près d'expirer, si votre invention est
utile, sollicitez une prolongation. Le conseil est bon,
mais malheureusement il ne dépend pas de l'inventeur
de le mettre à profit, car, malgré les dispositions for
melles de la loi de 1791, qui ne s'appliquent qu'aux
extensions de jouissance au-delà de quinze années,
l'administration n'accorde des prolongations dans les
limites de cinq à quinze ans, que *dans des cas très-
rares* ou *par des raisons majeures*. Le ministre est
juge suprême de la question, et le pauvre breveté ne
peut sortir de ce dilemme dans lequel l'enferme l'om-
nipotence ministérielle : ou l'invention est utile, et
alors la société est intéressée à jouir le plus promptement possible de la liberté de l'exploiter; dans ce cas,
pas de prolongation : ou l'invention est frivole, et
alors elle ne mérite pas qu'on étende la durée du privilége. Sur près de neuf mille brevets accordés depuis

14

quarante-sept ans, on ne compte pas soixante prolongations accordées ; c'est assez dire qu'on doit les considérer comme impossibles à obtenir. Ces objections écartées, voyons quels sont les avantages et les inconvénients des différents brevets, en raison de leur temps et de leur durée.

Un brevet de quinze ans coûte à l'inventeur 1,562 f., qu'il doit verser dans les caisses du gouvernement ; or, cette somme est excessive pour la plupart des inventeurs, dont le génie fait toute la richesse.

Exiger un droit considérable pour la concession d'un brevet, c'est exclure tous ceux qui ne peuvent le payer; c'est par cela même comprimer le génie inventif, entraver l'industrie et priver le public de découvertes utiles.

Avec une taxe légère l'esprit d'invention se développe, se propage, les brevets se multiplient, et l'industrie reçoit bientôt des améliorations sensibles dans toutes ses branches.

Nul inconvénient ne peut résulter du grand nombre de brevets ; si les inventions sont frivoles, le public n'éprouve aucune perte; si elles sont utiles, il en retire, et sans bourse délier, de grands avantages.

On ne doit pas craindre non plus que les brevetés soient récompensés outre mesure. Quelques-uns, et ceux-là sont en petit nombre, ont pu réaliser de grands bénéfices ; mais combien n'y en a-t-il pas qui, avec de bonnes inventions, se sont ruinés, tant à cause des frais qu'occasionent toujours les nombreux essais auxquels il faut se livrer, qu'en raison de la répugnance du public à changer d'anciennes habitudes pour se soumettre à des idées nouvelles ?

Selon nous, les brevets doivent être à bon marché, parce que, en les accordant, le gouvernement se borne à donner acte de la déclaration que font les inventeurs qu'ils ont réellement découvert la chose pour laquelle ils demandent un brevet. Toute somme payée au gouvernement pour un brevet au-delà des frais nécessaires à son expédition, est une taxe sur l'industrie, taxe d'autant plus pesante qu'elle est exigée, quel que soit le succès de l'invention.

La construction des modèles, les essais, les améliorations et les changements nécessaires, entraînent dans toute invention des frais si considérables, qu'ils épuisent bientôt le modeste pécule de l'industriel ; et quand l'invention a reçu tous les perfectionnements dont elle est susceptible, souvent il ne reste plus assez d'argent à l'inventeur pour payer la taxe d'un brevet de quinze années ; ou bien, s'il commence par prendre un brevet de cette durée, les frais de cette entreprise absorbent les ressources qu'il aurait pu consacrer au développement de sa découverte.

Ainsi les brevets de quinze ans, qui, seuls, nous paraissent offrir quelques chances de succès, sont trop coûteux pour la plupart des industriels.

Mais, dira-t-on encore, la prévoyance du législateur a embrassé tous les cas possibles, pourvu à toutes les exigences, et concilié tous les intérêts. La taxe est graduée proportionnellement à l'importance de l'invention et aux moyens pécuniaires de l'inventeur. Ceux à qui leur fortune ne permettra pas de prendre un brevet de quinze ans, peuvent en prendre un de cinq ou de dix ans.

Supposons un brevet de cinq ans : c'est peu de l'avoir obtenu, il faut l'exploiter ; l'intérêt personnel du breveté l'exige ; la loi lui en fait une obligation. Calculons donc le temps qu'il faut pour former un établissement d'un genre nouveau, pour fabriquer des produits, les faire connaître, les répandre, vaincre les préjugés d'un public toujours en garde contre les inventions nouvelles, attirer les acheteurs, obtenir, augmenter, multiplier les commandes. Tenons compte des interruptions causées par les changements que l'expérience suggère, afin d'atteindre le perfectionnement dont est toujours susceptible une industrie nouvelle, et nous verrons que trois ou quatre années seront employées à obtenir tous ces résultats, et cependant c'est sur eux seuls que repose tout l'avenir du breveté. Les deux années, au plus, qui lui restent, ne sauraient suffire pour le rembourser de ses avances et l'indemniser de ses travaux. De pareils brevets n'offrent presque jamais des résultats avantageux ; la jouissance exclusive qu'ils assurent est trop courte.

De leur côté, les capitalistes n'ayant pas la perspective de bénéfices importants pendant un certain nombre d'années, espérance qui, seule, peut compenser les chances d'une spéculation industrielle, ne veulent pas s'intéresser à une entreprise dont le privilége est si limité. Ainsi, tout manque à la fois à l'inventeur qui n'a qu'un brevet de cinq ans, et le temps de retirer par lui-même les avantages que promet son invention, et les capitaux qui pourraient assurer le succès en le mettant à portée de faire beaucoup en peu de temps.

Les mêmes raisons s'appliquent, quoique avec moins de force, aux brevets de dix ans, qui d'ailleurs coûtent trop cher.

Trois ou quatre années sont nécessaires pour monter une entreprise industrielle et en obtenir des produits, et les six années qui restent ne sont pas encore suffisantes pour récompenser l'industriel de ses avances, de ses longues recherches et de ses nombreux travaux, pour lui permettre, en un mot, de tirer un grand parti de sa découverte.

L'Angleterre qui, la première de toutes les nations, a donné à la propriété industrielle l'appui d'une sanction législative, a fixé la durée des brevets à quatorze ans. Les États-Unis d'Amérique ont adopté la même fixation ; c'est que ces deux peuples, éminemment industriels, ont senti qu'il n'est guère possible de tirer un parti avantageux d'une invention dans un moindre intervalle de temps.

Toutefois, la fixation d'un terme unique peut aussi avoir des inconvénients, parce qu'elle nécessite une dépense en pure perte pour les inventions qui n'auraient aucun succès. La faculté accordée aux brevetés par la loi autrichienne d'obtenir la prolongation de leurs priviléges, et de le faire porter de cinq à quinze ans, est une disposition de beaucoup préférable, et qu'il serait à désirer de voir introduire dans notre législation.

Nous croyons avoir démontré qu'en ce qui touche la quotité de la taxe, la durée des brevets et leur prolongation, la loi actuelle présente des inconvénients auxquels il est urgent de remédier ; et, afin qu'on ne nous accuse pas de voir des difficultés partout et de n'en offrir la solution nulle part, nous concluons en disant que, pour bien mériter de l'industrie, il faudrait :

1° Réduire le montant de la taxe aux simples frais d'expédition des titres, ou au moins les diminuer considérablement ;

2° Reconnaître au breveté le droit de faire prolonger son brevet dans les limites de quinze ans ;

3° Et, dans tous les cas, supprimer la taxe de cinquante francs pour l'expédition des titres, taxe qui est maintenant sans objet, puisqu'on ne les expédie plus sur parchemin ; enfin, nous proposons, si contre notre opinion la taxe sur les brevets doit être maintenue, de la fixer ainsi qu'il suit :

Pour un brevet de cinq ans. . . . . 250 francs.
Pour un brevet de dix ans. 500
Pour un brevet de quinze ans. . . . 750

Avec le droit, pour les brevetés, d'obtenir la prolongation de cinq à dix ans, et de dix ans à quinze, en payant le complément de la taxe, sous la seule condition d'en faire la réserve lors de la première demande du brevet. Le certificat provisoire constaterait ce droit, et mention en serait faite dans l'insertion au *Bulletin des Lois*.

SECTION II.

DE L'UTILITÉ DE PUBLIER IMMÉDIATEMENT LES DESCRIPTIONS DE BREVETS.

—

Toutes les descriptions d'objets brevetés , les plans et les dessins qui les accompagnent, doivent être pu bliés aussitôt que les titres sont accordés. L'intérêt public et l'intérêt du breveté le réclament également. Le public est intéressé à connaître immédiatement , et dans tous ses détails, l'invention brevetée, pour éviter de violer le privilége consacré par le brevet, d'encourir des poursuites, d'être condamné, comme contrefacteur, en dommages-intérêts, aux dépens et à l'amende. De plus, une branche d'industrie pouvant recevoir une direction toute différente , ou même être entièrement détruite par une nouvelle découverte , il est juste de faire connaître aux parties intéressées les inventions qui peuvent porter atteinte à leurs entreprises et à leur fortune industrielle. D'un autre côté, le public connaissant par la description du breveté ce qui constitue le privilége de celui-ci, aura plus de facilité pour attaquer le brevet, si l'invention n'est pas nouvelle, si la description est obscure et incomplète, ou si les véritables moyens ont été recélés; enfin, les citoyens ne seraient plus obligés de se rendre de tous les points du royaume dans la capitale , pour se livrer, dans les bureaux du Ministre du Commerce , à des recherches toujours pénibles et souvent inutiles. Que d'avantages obtenus , que de frais , de perte de temps, épargnés par la publication immédiate.

Quant à l'intérêt particulier du breveté, la publication immédiate des descriptions lui est aussi avantageuse qu'au public. La publicité donnée à l'invention brevetée, sans dépense de la part de l'inventeur, appelle sur elle, dès l'origine du privilége et sans perte de temps, l'attention du public. Elle constate la gloire et le mérite de l'inventeur, elle sert d'annonce pour les produits nouveaux, elle stimule la curiosité et l'intérêt qu'excitent toujours les découvertes nouvelles, et fait naître les occasions de débit pour les nouveaux articles. Les inventions brevetées sont de cette manière immédiatement connues des personnes qui, par état ou par goût, ont le plus d'intérêt à se tenir au courant des progrès de l'industrie. On diminue de beaucoup, par ce moyen, le nombre des contrefacteurs de bonne foi, on n'a plus à craindre les imitations auxquelles se livrent des individus qui croient libre une industrie déjà brevetée, ou qui ont découvert eux-mêmes et mis en pratique les procédés qu'ils regardaient comme nouveaux, mais que d'autres avaient inventés et fait breveter avant eux. En un mot, en adoptant ce système, on confie à l'honnêteté publique la garde et le maintien des inventions brevetées, et si la mauvaise foi, qui cherche à tout exploiter à son profit, abuse de la publicité donnée à des procédés, pour les contrefaire en secret, alors, comme tout honnête homme se trouve, en quelque sorte, gardien solidaire des droits du breveté, la société entière se lève en faveur de l'inventeur injustement attaqué dans son privilége, et le contrefacteur, condamné par la justice, subit au tribunal de l'opinion publique une condamnation plus flétrissante encore.

SECTION III.

DU MODE A ADOPTER POUR LA PUBLICATION DES BREVETS.

Nous croyons avoir démontré qu'il serait avantageux pour le public et pour le breveté qu'on publiât les descriptions et les plans ou dessins aussitôt que le brevet est accordé; nous allons examiner le mode qui serait le plus convenable. Le meilleur mode de publication serait, à notre avis, celui qui serait le plus prompt et le plus économique. Celui suivi jusqu'à ce jour pour les brevets expirés laisse beaucoup à désirer sous plusieurs rapports. Le luxe de l'impression du texte multiplie les volumes qui ne paraissent pas contenir assez de matière; ce reproche s'applique plus spécialement aux quinze premiers volumes.

Les dessins y sont réduits à des proportions tellement petites qu'ils ne peuvent servir pour la construction, et sont par conséquent inutiles à la plupart des industriels.

De plus, ces planches placées à la fin du volume, et pliées plusieurs fois sur elles-mêmes, ne peuvent être consultées facilement parce qu'il est impossible de les remettre dans les mêmes plis.

Enfin, le format in-quarto, incommode pour le texte, est trop petit pour les planches.

On réunirait tous les avantages :

1° En publiant le texte in-octavo, et les planches par atlas ;

2° En donnant les dessins sur une échelle qui pût servir à la construction ;

3° En faisant les publications mensuellement ;

4° Enfin en chargeant une société de cette publication, qui l'exécuterait sans frais pour le Gouvernement.

CHAPITRE VIII.

RÉSUMÉ DE LA JURISPRUDENCE EN MATIÈRE DE BREVETS D'INVENTION , DE PERFECTIONNEMENT ET D'IMPORTATION.

—

N. B. *La plupart des arrêts et décisions ci-après rapportés ont été extraits du* Recueil *et du* Dictionnaire de Jurisprudence *de M. Dalloz.*

A.

AFFICHES DES JUGEMENTS EN MATIÈRE DE CONTREFAÇON. En matière de contrefaçon industrielle , les tribunaux civils peuvent ordonner l'impression et l'affiche de leurs jugements (1).

APPEL. Il n'est pas recevable contre un jugement du tribunal de première instance auquel a été déféré une sentence du juge de paix qui a statué sur une contrefaçon de brevet et sur une exception de déchéance reconventionnellement opposée. Ce jugement ainsi rendu est en dernier ressort, tant sur le chef de la déchéance que sur celui de la contrefaçon (2).

(1) Cour de cassation , 31 décembre 1822.
(2) — — 10 août 1833.

APPLICATION NOUVELLE D'UN PROCÉDÉ CONNU. Celui qui a obtenu un brevet pour l'application d'un procédé connu à une invention nouvelle, n'acquiert pas un privilége exclusif sur le procédé connu, de telle sorte qu'une autre personne ne puisse appliquer le même procédé à un objet de son invention (1).

APPRÉCIATION D'UNE INVENTION. En cas de contestation soulevée à l'occasion d'un brevet d'invention, les tribunaux peuvent décider si l'objet du brevet constitue réellement une découverte par lui-même ou par l'application d'un procédé connu à une invention nouvelle (2).

—— Elle peut avoir lieu sous le rapport de la valeur et de la priorité dans une contestation privée soumise aux tribunaux, sans que ceux-ci commettent un empiètement sur les attributions de l'autorité administrative (3).

APPRÉCIATION DE FAITS ÉCHAPPANT A LA CENSURE DE LA COUR DE CASSATION. Le jugement qui décide qu'une découverte industrielle qui a été brevetée réalise des avantages justifiant la concession du brevet, et que les modifications pour lesquelles a été obtenu un brevet de perfectionnement ne présentent que des changements de forme, sans constituer un perfectionnement sur l'invention primitive, n'offre qu'une appréciation de faits qui échappe à la censure de la cour de cassation (4).

(1) Cour de cassation, 11 janvier 1825.
(2)   —   —   *Idem*. et 1 mars 1826.
(3)   —   — 21 février 1837.
(4)   —   — 2 mai 1822.

——— Il en est de même du jugement qui, en rejetant la demande en contrefaçon intentée par un breveté, se fonde sur le motif qu'il est légalement prouvé que le procédé dont s'agit était connu et en usage avant l'obtention du brevet (1).

C.

CESSION D'UN BREVET. Lorsqu'un breveté a cédé son droit et que la cession a reçu son exécution, les héritiers du cédant ne sont pas recevables à soutenir que la cession est nulle comme n'ayant pas été faite en sa manière légale ni revêtue des formes prescrites à peine de nullité (2).

——— La cession d'un brevet d'invention obtenu pour une chose non brevetable est nulle, comme étant sans cause réelle (3).

——— Si l'acte de cession d'une méthode, protégée par un brevet d'invention, contient l'énonciation d'avantages que cette méthode ne peut réaliser, la cession peut être annulée comme faite sans cause ou sur une fausse cause, ou pour erreur tombant sur la substance même de la chose (4).

——— La cession d'un brevet d'invention peut être déclarée sans cause, si la découverte brevetée ne donne pas les résultats promis par le cédant (5).

(1) Cour de cassation, 1 mars 1826.
(2)   —   —   20 novembre 1822.
(3) Cour de Grenoble, 12 juin 1830.
(4)   —   —   27 mars 1831.
(5) Cour de cassation, 17 février 1837.

—— La cession faite par un breveté de son brevet, comme apport dans une société, est nulle si la société elle-même a été annulée par défaut de publicité, et alors le brevet fait retour au breveté (1).

CHOSE JUGÉE. Le jugement qui décide en fait que le procédé commun au breveté et au prétendu contre-facteur ne constitue pas une invention ni un perfec-tionnement nouveau, n'est point en contradiction avec la chose jugée par un précédent arrêt, qui décide seulement que l'application d'un procédé connu peut constituer une nouvelle découverte, s'il est adapté à un nouvel usage (2).

—— Le jugement qui décide qu'un objet, pour le-quel un brevet a été délivré, était déjà connu et fabri-qué par plusieurs personnes avant la délivrance du bre-vet, et que d'ailleurs les objets prétendus contrefaits diffèrent de ceux fabriqués par le prétendu inventeur, ne contrarie pas la chose jugée par un précédent juge-ment rendu contre un autre individu, et le porteur du même brevet, et qui aurait décidé que les objets ar-gués de contrefaçon ne présentent que des change-ments de forme à l'égard de ceux qui ont été la ma-tière du brevet et constituent ainsi une contrefaçon.

Il n'y a là ni identité de personnes ni identité de causes (3).

—— Une demande à fin de résiliation de la vente d'un brevet fondée sur le retard apporté par le ven-

---

(1) Cour royale de Paris, 17 février 1837.
(2) Cour de cassation, 11 janvier 1825.
(3)   —   —   15 mars 1825.

deur dans la délivrance de la chose vendue , et une autre demande en résiliation fondée sur ce que le même vendeur se trouve par événement dans l'impossibilité d'effectuer cette livraison à laquelle il avait été condamné lors de la première instance, ne sont point considérées comme ayant la même cause, dans le sens de l'article 1351 du Code civil (1).

——— Un individu qui a contesté le titre d'un breveté par une voie d'exception, et qui, néanmoins, a été déclaré contrefacteur , peut poursuivre la déchéance du même brevet par action principale ; on ne peut le repousser par une fin de non-recevoir tirée de la chose jugée (2).

Compétence. Le juge de paix devant qui on poursuivait la contrefaçon était compétent sous l'empire des lois de 1791, et avant la nouvelle loi de 1838 :

1° Pour statuer sur l'exception résultant du défaut de nouveauté de l'invention brevetée, et en la jugeant il ne cumulait pas le pétitoire avec le possessoire (3) ;

2° Pour connaître des questions de déchéance de brevets opposées reconventionnellement et en défense à l'action en contrefaçon quoiqu'il ne pût en être saisi par action principale (4).

Confiscation des objets contrefaits. La contrefaçon d'un produit industriel sur lequel le droit de l'inventeur est expiré et tombé dans le domaine public, mais aussi pour le perfectionnement duquel un brevet a été

---

(1) Cour de cassation , 29 novembre 1834.
(2) Cour royale de Paris , affaire Brouzac.
(3) Cour de cassation , 29 messidor an XI.
(4) Cour royale de Paris , 10 août 1833.

obtenu et existe encore, emporte la confiscation de l'ouvrage entier fabriqué par le contrefacteur, si l'objet de perfectionnement quoiqu'on puisse le distinguer de l'invention principale, forme corps avec elle et en est inséparable (1).

Contrefaçon. Elle existe :

1° Par le fait de l'introduction en France par un tiers, même en payant les droits de douane, d'une machine semblable à celle pour laquelle un brevet d'importation et de perfectionnement a été accordé (2);

2° Quand il a été déclaré par un tribunal qu'un procédé industriel a été calqué sur un procédé breveté, et qu'il y a entre les deux une parfaite ressemblance, encore que l'intention de contrefaire le procédé breveté n'ait pas été formellement déclarée (3).

D.

Déchéance. Est prononcée non par l'autorité administrative, mais par l'autorité judiciaire à qui il appartient de statuer sur les contestations relatives à la déchéance d'un brevet (4).

——— N'est pas encourue par la tolérance du breveté à laisser fabriquer, pendant plusieurs années, des ouvrages de même espèce que ceux pour lesquels il est breveté (5).

(1) Cour de cassation, 2 mai 18.2.
(2)   —   —   20 juillet 1830.
(3)   —   —   25 mai 1829.
(4)   —   —   21 avril 1824.
(5)   —   —   28 nivose an XI.

—— Est encourue par celui qui, avant d'obtenir un brevet d'invention, fait constater publiquement l'utilité de la chose qu'il a inventée (1).

—— Doit être prononcée lorsque la découverte pour laquelle il a été délivré, en France, un brevet d'invention, se trouve déjà consignée et décrite dans des ouvrages imprimés et publiés dans les pays étrangers, conformément à l'art. 16 § 3 de la loi du 7 janvier 1791 (2).

—— Elle doit être également prononcée quand la découverte, pour laquelle un brevet d'importation a été obtenu, était, antérieurement à la demande, consignée et décrite dans un ouvrage imprimé et publié même à l'étranger (3).

—— Elle n'a pas lieu à l'égard d'un brevet pris pour plusieurs parties d'une même invention, dont quelques unes étaient antérieurement connues et dans le domaine public. Ce brevet, sans effet pour les parties connues, conserve sa force pour celles nouvelles (4).

—— Le jugement qui la prononce pour inactivité dans les deux ans, ne peut être critiqué devant la Cour de cassation (5).

Demande nouvelle. Le poursuivant en contrefaçon, qui s'est prévalu, pour la première fois en appel, d'un brevet d'invention antérieur au brevet de perfectionnement qu'il a invoqué devant les premiers juges, a pu

(1) Cour de cassation, 10 février 1806.
(2) — — 9 janvier 1828.
— Cour royale de Rouen, 14 janvier 1829.
(3) Affaire Taylor, cour royale de Paris, 1836.
(4) Cour royale de Paris, affaire du filtre-Fonvielle, 13 août 1838.
(5) Cour de cassation, 21 avril 1834.

être déclaré non-recevable à proposer ce moyen comme formant une demande nouvelle (1).

E.

EFFET RÉTROACTIF. C'est faire une juste application des principes sur l'effet rétroactif que de décider qu'un brevet ne peut pas porter atteinte aux droits résultant d'une possession antérieure (2).

—— Quand un jugement, exécutoire par provision .et nonobstant appel, qui a prononcé la nullité d'un brevet de perfectionnement, vient à être infirmé sur l'appel, la validité du brevet de perfectionnement rétroagit au jour même de son obtention (3).

EXPERTS. Nommés pour examiner s'il y a contrefaçon, ils ne sont assujettis à aucune condition particulière dans leur vérification. Si leur rapport est rédigé dans les formes légales, il ne peut être attaqué sur le motif qu'il est fondé sur de simples mémoires, et que les experts n'ont pas exigé la représentation du mémoire descriptif contenu au brevet (4).

I.

INVENTION NON BREVETABLE. Ce qui est du ressort de l'intelligence, ce qui tient à l'entendement humain, sans le secours d'aucun objet matériel, ne peut être

(1) Cour de cassation, 8 février 1827.
(2) Cour de cassation, 29 messidor an XI.
(3) Cour royale de Paris, 10 octobre 1832.
(4) Cour de cassation, 5 mars 1822.

l'objet d'une propriété privative ni servir de base à un brevet (1).

⸺ Une nouvelle méthode de lecture, quoique fondée sur alphabet nouveau, et sur nouvelle manière de prononcer les consonnes, ne peut servir de base à un brevet d'invention (2).

P.

POSSESSION ANTÉRIEURE AU BREVET. Celui qui est poursuivi comme contrefacteur par un breveté peut opposer, par voie d'exception, la possession antérieure au brevet, et la prouver soit par témoins, soit par expertise.

Il n'en est pas de cette exception comme de l'action principale en déchéance, qui ne peut s'appuyer que sur la preuve que l'invention brevetée avait été, antérieurement au brevet, consignée et décrite dans des écrits imprimés et publiés (3).

⸺ Il n'est pas nécessaire que la personne arguée de contrefaçon prouve qu'elle était personnellement en possession de la méthode brevetée avant la délivrance du brevet : les tribunaux doivent aussi l'ad-

---

(1) Cour de Grenoble, 12 juin 1830.
— Cour de cassation, 17 février 1837.
(2) Cour de Grenoble, 12 juin 1830.
(3) Cour de cassation, 22 frimaire an X.
—   —   —   29 messidor an XI.
—   —   —   20 décembre 1808.
—   —   —   20 avril 1810
—   —   —   19 mars 1811.

mettre à prouver que cette méthode était antérieurement connue et pratiquée par d'autres (1).

—— Le fait de la possession du procédé antérieur au brevet d'invention, opposé comme exception à l'action de contrefaçon, peut être établi par témoins ; il n'est pas exigé que ce fait soit constaté par actes ou écrits (2).

—— Un individu qui a pris un brevet postérieurement au brevet déjà obtenu pour le même procédé par un autre individu, doit être, comme toute autre personne, admis à prouver qu'il avait déjà fait usage du procédé avant la date du brevet de son adversaire ; ce serait à tort que dans ce cas on concentrerait la difficulté dans une simple question d'antériorité des deux brevets (3).

PREUVE TESTIMONIALE. L'art. 11 de la loi du 14 mai 1791, en disposant que le juge de paix entendra les parties et leurs témoins, n'a pas imposé la nécessité de la preuve testimoniale, ni dérogé au droit commun, qui laisse aux magistrats la faculté de rejeter les preuves offertes toutes les fois que ces preuves ne leur paraissent ni pertinentes ni utiles (4).

PROROGATION. La prorogation du brevet d'invention au-delà de quinze ans, peut être accordée par le gouvernement sans l'intervention de l'autorité législative, l'art. 8 de la loi du 25 mai 1791 se trouvant sur ce point abrogé par la constitution de l'an VIII

---

(1) Cour de cassation, 19 mars 1821.
—   —   — 15 mars 1825.
(2)   —   — 8 février 1827.
(3)   —   — 18 avril 1832.
(4)   —   — 24 décembre 1833.

et par l'art. 14 de la Charte constitutionnelle (1).

—— Les tribunaux sont compétents pour régler, dans les cas particuliers qui leur sont déférés, l'effet des prolongations de brevets accordées par l'autorité administrative dans les limites de quinze ans, mais ils ne peuvent critiquer la légalité de ces prolongations (2).

—— Le propriétaire d'un brevet de perfectionnement pris sur une industrie déjà brevetée en faveur d'un autre, a droit, nonobstant une prolongation du brevet d'origine, accordée postérieurement à la concession de son brevet de perfectionnement, de jouir de ce brevet dès l'expiration du terme primitivement fixé pour le dit brevet d'invention, encore bien que l'ordonnance de prolongation porte que le brevet d'invention conservera sa force et sa valeur jusqu'à l'époque déterminée par la dite ordonnance (3).

PUBLICITÉ DONNÉE A L'INVENTION AVANT LE BREVET. Celui qui, avant d'obtenir un brevet d'invention, a fait constater publiquement l'utilité de la chose qu'il a inventée, peut être présumé avoir voulu renoncer à son droit privatif sur l'invention (4).

—— Si un procédé de fabrication d'un produit industriel était connu dans le commerce au moment ou un brevet d'invention a été obtenu pour le même procédé, le breveté n'est pas fondé à prétendre au droit exclusif de fabriquer le dit produit (5).

(1) Cour de cassation, 5 mars 1822.
(2) Cour royale de Paris, 10 octobre 1832.
(3) —   —   *Idem*
(4) Cour de cassation, 10 février 1806.
(5) —   —   24 décembre 1833.

APPENDICE.

LÉGISLATION FRANÇAISE.

LOI

DU 7 JANVIER 1791, RELATIVE AUX DÉCOUVERTES UTILES ET AUX MOYENS D'EN ASSURER LA PROPRIÉTÉ AUX AUTEURS.

L'Assemblée nationale, considérant que toute idée nouvelle, dont la manifestation ou le développement peut devenir utile à la société, appartient privativement à celui qui l'a conçue, et que ce serait attaquer les droits de l'homme dans leur essence, que de ne pas regarder une découverte industrielle comme la propriété de son auteur; considérant, en même temps, combien le défaut d'une déclaration positive et authentique de cette vérité peut avoir contribué jusqu'à présent à décourager l'industrie française, en occasionant l'émigration de plusieurs artistes distingués, et en faisant passer à l'étranger un grand nombre d'inventions nouvelles, dont cet empire aurait dû tirer les premiers avantages; considérant, enfin, que tous les principes de justice, d'ordre public et d'intérêt national, lui commandent impérieusement de fixer désormais l'opinion des citoyens français sur ce genre de propriété, décrète ce qui suit :

Article premier. Toute découverte ou nouvelle invention, dans tous les genres d'industrie, est la propriété de son auteur ; en conséquence, la loi lui en garantit la pleine et entière puissance, suivant le mode et pour le temps qui seront ci-après déterminés. — 10 à 21.

Art. 2. Tout moyen d'ajouter, à quelque fabrication que ce puisse être, un nouveau genre de perfection, sera regardé comme une invention. — 24 à 38.

Art. 3. Quiconque apportera le premier, en France, une découverte étrangère, jouira des mêmes avantages que s'il en était l'inventeur. — 38 à 44.

Art. 4. Celui qui voudra conserver ou s'assurer une propriété industrielle du genre de celles énoncées aux précédents articles, sera tenu :

1° De s'adresser au secrétariat du directoire de son département, et d'y déclarer, par écrit, si l'objet qu'il présente est d'invention, de perfection ou seulement d'importation (1). — 15.

2° De déposer, sous cachet, une description exacte des principes, moyens et procédés qui constituent la découverte, ainsi que les plans, coupes, dessins et modèles qui pourraient y être relatifs, pour le dit pa-

---

(1) Aujourd'hui au secrétariat de la préfecture, de sa résidence ou de toute autre, à son choix.

A. P.

quet être ouvert au moment où l'inventeur recevra son titre de propriété (1).

Art. 5. Quant aux objets d'une utilité générale, mais d'une exécution trop simple et d'une imitation trop facile pour établir aucune spéculation commerciale, et, dans tous les cas, lorsque l'inventeur aimera mieux traiter directement avec le gouvernement, il lui sera libre de s'adresser, soit aux assemblées administratives, soit au corps législatif, s'il y a lieu, pour confier sa découverte, en démontrer les avantages et solliciter une récompense.

Art. 6. Lorsqu'un inventeur aura préféré aux avantages personnels, assurés par la loi, l'honneur de faire jouir, sur-le champ, la nation des fruits de sa découverte ou invention, et lorsqu'il prouvera, par la notoriété publique et par des attestations légales, que cette découverte ou invention est d'une véritable utilité, il pourra lui être accordé une récompense sur les fonds destinés aux encouragements de l'industrie.

Art. 7. Afin d'assurer à tout inventeur la propriété et la jouissance temporaire de son invention, il lui sera délivré un titre ou patente, selon la forme indiquée dans le règlement qui sera dressé pour l'exécution du présent décret. — 12.

Art. 8. Les patentes seront données pour cinq, dix ou quinze années, au choix de l'inventeur; mais ce dernier terme ne pourra jamais être prolongé sans un décret particulier du corps législatif. — 110, 117.

______

(1) Cette description est aujourd'hui ouverte aussitôt l'arrivée du paquet au ministère ; la dite description est soumise au comité consultatif, et si le rapport est favorable, le brevet est accordé immédiatement. A. P.

Art. 9. L'exercice des patentes accordées pour une découverte importée d'un pays étranger, ne pourra s'étendre au-delà du terme fixé, dans ce pays, à l'exercice du premier inventeur. — 112.

Art. 10. Les patentes expédiées en parchemin et scellées du sceau national, seront enregistrées dans les secrétariats des directoires de tous les départements du royaume, et il suffira, pour les obtenir, de s'adresser à ces directoires, qui se chargeront de les procurer à l'inventeur (1).

Art. 11. Il sera libre à tout citoyen d'aller consulter, au secrétariat de son département, le catalogue des inventions nouvelles ; il sera libre , de même à tout citoyen domicilié, de consulter, au dépôt général établi à cet effet (2), les spécifications des différentes patentes actuellement en exercice. — 138.

Cependant , les descriptions ne seront point communiquées, dans le cas où l'inventeur, ayant jugé que des raisons politiques ou commerciales exigent le secret de sa découverte, se serait présenté au corps législatif, pour lui exposer ses motifs, et en aurait obtenu un décret particulier sur cet objet. — 139.

Dans le cas où il sera déclaré qu'une description demeurera secrète, il sera nommé des commissaires pour veiller à l'exactitude de la description, d'après la vue des moyens et procédés, sans que l'auteur cesse, pour cela, d'être responsable, par la suite, de cette exactitude. — 139.

---

(1) Cet article est abrogé par l'arrêté du 27 septembre 1800.
(2) Au ministère du commerce.   A. P.

Art. 12. Le propriétaire d'une patente jouira privativement de l'exercice et des fruits des découverte , invention ou perfection pour lesquelles la dite patente aura été obtenue ; en conséquence , il pourra , *en donnant bonne et suffisante caution , requérir la saisie des objets contrefaits et* (1) traduire les contrefacteurs devant les tribunaux ; lorsque les contrefacteurs seront convaincus , ils seront condamnés , en sus de la confiscation , à payer à l'inventeur des dommages-intérêts proportionnés à l'importance de la contrefaçon , et , en outre , à verser, dans la caisse des pauvres du district une amende fixée au quart du montant des dits dommages-intérêts , sans , toutefois, que la dite amende puisse excéder la somme de trois mille livres ; et au double en cas de récidive. — 125, 126, 157, 187, 188, 189, 190.

Art. 13. Dans le cas où la dénonciation pour contrefaçon , *d'après laquelle la saisie* (2) aurait eu lieu, se trouverait dénuée de preuves , l'inventeur sera condamné , envers sa partie adverse, à des dommages-intérêts proportionnés au trouble et préjudice qu'elle aura pu en éprouver, et en outre, à verser, dans la caisse des pauvres du district, une amende fixée au quart du montant des dits dommages-intérêts, sans, toutefois, que la dite amende puisse excéder la somme de trois mille livres ; et au double en cas de récidive. — 193, 194.

Art. 14. Tout propriétaire de patente aura droit de

---

(1) Ces mots ont été retranchés par décret du 25 mai 1791.
(2) Ces mots ont été pareillement retranchés par le décret du 25 mai 1791.

A. P.

former des établissements dans toute l'étendue du royaume, et même d'autoriser d'autres particuliers à faire l'application et l'usage de ses moyens et procédés ; et dans tous les cas, il pourra disposer de sa patente comme d'une propriété mobilière. — 125 à 134.

Art. 15. A l'expiration de chaque patente, la découverte ou invention devant appartenir à la société, la description en sera rendue publique, et l'usage en deviendra permis dans tout le royaume, afin que tout citoyen puisse librement l'exercer et en jouir, à moins qu'un décret du corps législatif n'ait prorogé l'exercice de la patente, ou n'en ait ordonné le secret, dans les cas prévus par l'art. 11. — 202 à 206.

Art. 16 La description de la découverte énoncée dans une patente sera de même rendue publique, et l'usage des moyens et procédés relatifs à cette découverte sera aussi déclaré libre dans tout le royaume, lorsque le propriétaire de la patente en sera déchu, ce qui n'aura lieu que dans les cas ci-après déterminés. — 202 à 206.

1° Tout inventeur, convaincu d'avoir, en donnant sa description, recélé ses véritables moyens d'exécution, sera déchu de sa patente. — 80 à 89.

2° Tout inventeur, convaincu de s'être servi, dans sa fabrication, de moyens secrets, qui n'auraient point été détaillés dans sa description, ou dont il n'aurait pas donné sa déclaration pour les faire ajouter à ceux énoncés dans sa description, sera déchu de sa patente. — 80 à 90.

3° Tout inventeur, ou se disant tel, qui sera convaincu d'avoir obtenu une patente pour des découvertes déjà consignées et décrites dans les ouvrages imprimés et publiés, sera déchu de sa patente.—75 à 79.

4° Tout inventeur qui, dans l'espace de deux ans, à compter de la date de sa patente, n'aura point mis sa découverte en activité, et qui n'aura point justifié les raisons de son inaction, sera déchu de sa patente. — 94 à 97.

5° Tout inventeur qui, après avoir obtenu une patente en France, sera convaincu d'en avoir pris une pour le même objet en pays étranger, sera déchu de sa patente. — 90 à 93.

6° Enfin, tout acquéreur du droit d'exercer une découverte énoncée dans une patente, sera soumis aux mêmes obligations que l'inventeur, et, s'il y contrevient, la patente sera révoquée; la découverte publiée, et l'usage en deviendra libre dans tout le royaume. — 150, 151.

ART. 17. N'entend, l'Assemblée nationale, porter aucune atteinte aux priviléges exclusifs, ci-devant accordés pour inventions et découvertes, lorsque toutes les formes légales auront été observées pour ces priviléges, lesquels auront leur plein et entier effet, et seront, au surplus, les possesseurs de ces anciens priviléges, assujétis aux dispositions du présent décret.

Les autres priviléges, fondés sur de simples arrêts du conseil, ou sur des lettres patentes non-enregistrées, seront convertis sans frais en patentes, mais seulement pour le temps qui leur reste à courir, en justifiant que les dits priviléges ont été obtenus pour découvertes et inventions de celles énoncées aux précédents articles.

Pourront, les propriétaires des dits anciens priviléges enregistrés et de ceux convertis en patentes, en disposer à leur gré, conformément à l'article 14.

Art. 18. Le comité d'agriculture et de commerce, réuni au comité des impositions, présentera à l'Assemblée nationale un projet de règlement qui fixera les taxes des patentes d'inventeurs, suivant la durée de leur exercice, et qui embrassera tous les détails relatifs à l'exécution des divers articles contenus au présent décret.

Mandons et ordonnons, etc.

A Paris, le 7ᵉ jour du mois de janvier, l'an de grâce 1791, et de notre règne le 17ᵉ.

signé LOUIS.

Et plus bas, M.-L.-J. Duport.

LOI

DU 25 MAI 1791, PORTANT RÈGLEMENT SUR LA PROPRIÉTÉ DES AUTEURS D'INVENTIONS ET DÉCOUVERTES EN TOUT GENRE D'INDUSTRIE.

—

TITRE Ier. — (Décrété le 29 mars.)

Art. 1er. En conformité des trois premiers articles de la loi du 7 janvier 1791, relative aux nouvelles découvertes et inventions en tout genre d'industrie, il sera délivré, sur une simple requête au roi, et sans examen préalable, des patentes nationales, sous la dénomination de brevets d'invention (dont le modèle est annexé au présent règlement sous le n° 2), à toutes les personnes qui voudront exécuter dans le royaume des objets d'industrie jusqu'alors inconnus. (1) — 12.

Art. 2. Il sera établi à Paris, conformément à l'art. 11 de la loi, sous la surveillance et l'autorité du ministre de l'intérieur, chargé de délivrer les dits brevets, un dépôt général, sous le nom de *Directoire des brevets d'invention,* où ces brevets seront expédiés, en suite des formalités préalables et selon le mode ci-après déterminé.

Art. 3. Le directoire des brevets d'invention expédiera les dits brevets sur les demandes qui lui parviendront des secrétariats des départements. Ces de-

(1) Cet article a été modifié par l'arrêté du 27 septembre 1800.

A. P.

mandes contiendront le nom du demandeur, sa proposition et sa requête au roi ; il y sera joint un paquet renfermant la description exacte de tous les moyens qu'on se propose d'employer, et à ce paquet seront ajoutés les dessins, modèles et autres pièces jugées nécessaires pour l'explication de l'énoncé de la demande ; le tout avec la signature et sous le cachet du demandeur. Au dos de l'enveloppe de ce paquet sera inscrit un procès-verbal (dans la forme jointe au présent règlement sous le n° 1ᵉʳ), signé par le secrétaire du département et par le demandeur, auquel il sera délivré un double du dit procès-verbal, afin de constater l'objet de la demande, la remise des pièces, la date du dépôt, l'acquit de la taxe, ou la soumission de la payer suivant le prix et dans le délai qui seront fixés au présent règlement. — 12 à 15.

Art. 4. Les directoires des départements, non plus que le directoire des brevets d'invention, ne recevront aucune demande qui contienne plus d'un objet principal, avec les objets de détail qui pourront y être relatifs. — 52, 53.

Art. 5. Les directoires des départements seront tenus d'adresser au directoire des brevets d'invention les paquets des demandeurs, revêtus des formes ci-dessus prescrites, dans la semaine même où la demande aura été présentée (1).

Art. 6. A l'arrivée de la dépêche du secrétariat du département au directoire des brevets d'invention, le

______

(1) Les directoires des départements n'existant pas, on s'adresse aujourd'hui au secrétariat de la préfecture dans chaque département.

A. P.

procès-verbal inscrit au dos du paquet sera enregistré; le paquet sera ouvert, et le brevet sera sur-le-champ dressé d'après le modèle annexé au présent règlement (sous le numéro 2). Ce brevet renfermera une copie exacte de la description, ainsi que des dessins et modèles annexés au procès-verbal; ensuite de quoi le dit brevet sera scellé et envoyé au département sous le cachet du directoire des brevets d'invention. Il sera en même temps adressé à tous les tribunaux et départements du royaume une proclamation du roi, relative au brevet d'invention, et dans la forme ci-jointe (n° 3), et ces proclamations seront enregistrées par ordre de date, et affichées dans les dits tribunaux et départements (1).

ART. 7. Les descriptions des objets dont le corps législatif, dans les cas prévus par l'art. 11 de la loi du 7 janvier, aura ordonné le secret, seront ouvertes et inscrites par numéros au directoire des inventions, dans un registre particulier, en présence de commissaires nommés à cet effet, conformément au dit article de la loi; ensuite ces descriptions seront cachetées de nouveau, et procès-verbal en sera dressé par les dits commissaires. Le décret qui aura ordonné de les tenir secrètes sera transcrit au dos du paquet; il en sera fait mention dans la proclamation du roi, et le paquet demeurera cacheté jusqu'à la fin de l'exercice, à moins qu'un décret du corps législatif n'en ordonne l'ouverture. — 139, 140.

ART. 8. Les prolongations des brevets qui, dans des cas très-rares, et pour des raisons majeures, pourront

(1) Article abrogé en partie par l'arrêté du 27 septembre 1800.

être accordées par le corps législatif, seulement pendant la durée de la législature, seront enregistrées, dans un registre particulier, au directoire des inventions, qui sera tenu de donner connaissance de cet enregistrement aux différents départements et tribunaux du royaume. — 123, 124.

Art. 9. Les arrêts du conseil, lettres-patentes, mémoires descriptifs, tous documents et pièces relatifs à des priviléges d'invention, ci-devant accordés pour des objets d'industrie, dans quelque dépôt public qu'ils se trouvent, seront réunis incessamment au directoire des brevets d'invention.

Art. 10. Les frais de l'établissement ne seront point à la charge du trésor public ; ils seront pris uniquement sur le produit de la taxe des brevets d'invention, et le surplus employé à l'avantage de l'industrie nationale.

TITRE II.

Art. 1er. Celui qui voudra obtenir un brevet d'invention, sera tenu, conformément à l'art. 4 de la loi du 7 janvier, de s'adresser au secrétariat du directoire de son département, pour y remettre sa requête au roi, avec la description de ses moyens, ainsi que les dessins et modèles relatifs à l'objet de sa demande, conformément à l'art. 3 du titre Ier ; il y joindra un état fait double, et signé par lui, de toutes les pièces contenues dans le paquet ; un de ces doubles devra être renvoyé au secrétariat du département par le directeur des brevets d'invention, qui se chargera de toutes les pièces par son récépissé au pied du dit état. — 48, 49, 63, 64, 81 à 83.

Art. 2. Le demandeur aura le droit, avant de signer le procès-verbal, de se faire donner communication du catalogue de tous les objets pour lesquels il aura été expédié des brevets, afin de juger s'il doit, ou non, persister dans sa demande. — 138.

Art. 3. Le demandeur sera tenu, conformément à l'art. 3 du titre Ier, d'acquitter, au secrétariat du département, la taxe du brevet, suivant le tarif annexé au présent règlement (sous le numéro 4); mais il lui sera libre de ne payer que la moitié de cette taxe, en présentant sa requête, et de déposer sa soumission d'acquitter le reste de la somme dans le délai de six mois. — 65.

Art. 4. Si la soumission du breveté n'est point remplie au terme prescrit, le brevet qui lui aura été délivré sera de nul effet; l'exercice de son droit deviendra libre, et il en sera donné avis à tous les départements par le directoire des brevets d'invention — 98.

Art. 5. Toute personne pourvue d'un brevet d'invention sera tenue d'acquitter, en sus de la taxe du dit brevet, la taxe des patentes annuelles, imposée à toutes les professions d'arts et métiers par la loi du 17 mars 1791.

Art. 6. Tout propriétaire de brevet, qui voudra faire des changements à l'objet énoncé dans sa première demande, sera obligé d'en faire sa déclaration, et de remettre la description de ses nouveaux moyens au secrétariat du département, dans la forme et de la manière prescrites par l'art. 1er du présent titre, et il sera observé, à cet égard, les mêmes formalités entre les directoires des départements et celui des brevets d'invention. — 89.

Art. 7. Si ce breveté ne veut jouir privativement de l'exercice de ses nouveaux moyens que pendant la durée de son brevet, il lui sera expédié, par le directoire des brevets d'invention, un certificat, dans lequel sa nouvelle déclaration sera mentionnée , ainsi que la remise du paquet contenant la description de ses nouveaux moyens.

Il lui sera libre aussi de prendre successivement de nouveaux brevets pour les dits changements, à mesure qu'il en voudra faire , ou de les faire réunir dans un seul brevet, quand il les présentera collectivement.

Ces nouveaux brevets seront expédiés de la même manière et dans les mêmes formes que les brevets d'invention , et ils auront les mêmes effets.—28 à 31.

Art. 8. Si quelque personne annonce un moyen de perfection pour une invention déjà brevetée , elle obtiendra, sur sa demande, un brevet pour l'exercice privatif du dit moyen de perfection, sans qu'il lui soit permis, sous aucun prétexte , d'exécuter , ou de faire exécuter l'invention principale , et réciproquement, sans que l'inventeur puisse faire exécuter par lui-même le nouveau moyen de perfection. — 32.

Ne seront point mis au rang des perfections industrielles, les changements de forme ou de proportions, non plus que les ornements, de quelque genre que ce puisse être. — 26.

Art. 9. Tout concessionnaire de brevet obtenu pour un objet que les tribunaux auront jugé contraire aux lois du royaume, à la sûreté publique, ou aux règlements de police, sera déchu de son droit, sans pouvoir prétendre d'indemnité, sauf au ministère public à prendre, suivant l'importance du cas, telles conclusions qu'il appartiendra. — 74. 75.

Art. 10. Lorsque le propriétaire d'un brevet sera troublé dans l'exercice de son droit privatif, il se pourvoira, dans les formes prescrites pour les autres procédures civiles, devant le juge de paix, pour faire condamner le contrefacteur aux peines prononcées par la loi (1).— 152, 153, 156 à 157.

Art. 11. Le juge de paix entendra les parties et leurs témoins, ordonnera les vérifications qui pourront être nécessaires, et le jugement qu'il prononcera sera exécuté provisoirement nonobstant l'appel. — 161 à 187.

Art. 12. Dans le cas où une saisie juridique n'aurait pu faire découvrir aucun objet fabriqué ou débité en fraude, le dénonciateur supportera les peines énoncées dans l'art. 13 de la loi, à moins qu'il ne légitime sa dénonciation par des preuves légales, auquel cas il sera exempt des dites peines, sans pouvoir, néanmoins, prétendre aucuns dommages-intérêts — 195.

Art. 13. Il sera procédé de même, en cas de contestation entre deux brevetés pour le même objet ; si la ressemblance est déclarée absolue, le brevet de date antérieure demeurera seul valide ; s'il y a dissemblance en quelques parties, le brevet de date postérieure pourra être converti, sans payer de taxe, en brevet de perfection, pour les moyens qui ne seraient point énoncés dans le brevet de date antérieure. — 67.

Art. 14. Le propriétaire d'un brevet pourra contracter telle société qu'il lui plaira pour l'exercice de son

---

(1) C'est maintenant le tribunal de police correctionnelle qui connaît des contrefaçons. (Loi du 25 mai 1838, art. 20.)

droit, en se conformant aux usages du commerce ; mais il lui sera interdit d'établir son entreprise par actions, à peine de déchéance de l'exercice de son brevet (1) — 127.

Art. 15. Lorsque le propriétaire d'un brevet aura cédé son droit, en tout ou en partie (ce qu'il ne pourra faire que par un acte notarié), les deux parties contractantes seront tenues, à peine de nullité, de faire enregistrer ce transport (suivant le modèle sous le n° 5) au secrétariat de leurs départements respectifs, lesquels en informeront aussitôt le directoire des brevets d'inventions, afin que celui-ci en instruise les autres départements. — 142 à 149.

Art. 16. En exécution de l'article 17 de la loi du 7 janvier, tous les possesseurs de priviléges exclusifs, maintenus par le dit article, seront tenus, dans le délai de six mois après la publication du présent règlement, de faire enregistrer, au directoire d'invention, les titres de leurs priviléges, et d'y déposer les descriptions des objets privilégiés, conformément à l'article 1er du présent titre ; le tout à peine de déchéance (2).

TITRE III (décrété le 14 mai).

Art. 1er. L'Assemblée nationale renvoie au ministère de l'intérieur les mesures à prendre pour l'exécution du règlement sur la loi des brevets d'invention, et le charge de présenter incessamment à l'Assemblée les dispositions qu'il jugera nécessaires pour assurer cette partie du service public.

---

(1) Cet article est modifié par le décret impérial du 25 novembre 1806.

(2) Le directoire d'invention n'existant pas, cet article ne parait pas avoir jamais reçu d'application.   A. P.

DÉCRET

DU 14 MAI 1791, QUI MODIFIE LE TEXTE DE LA LOI
DU 7 JANVIER 1791.

L'ASSEMBLÉE NATIONALE a décrété les changements qui suivent au texte de la loi du 7 janvier 1791 :

A l'article 10 a été substitué cette nouvelle rédaction :

« L'inventeur sera tenu, pour obtenir les dites
« patentes, de s'adresser au directoire de son dé-
« partement, qui en requerra l'expédition. La patente
« envoyée à ce directoire y sera enregistrée, et il en
« sera, en même temps, donné avis par le ministre de
« l'intérieur au directoire des autres départements. »

L'Assemblée a décrété la suppression des mots suivants :

ART. 12. En donnant bonne et suffisante caution, requérir la saisie des objets contrefaits.

ART. 13. D'après laquelle la saisie aura eu lieu.

Mandons et ordonnons, etc.

A Paris, le 25e jour du mois de mai, l'an de grâce 1791, et de notre règne le 18e.

LOUIS.

Et plus bas, M.-L.-J. DUPORT.

DÉCRET

DU 20 SEPTEMBRE 1792, PORTANT SUPPRESSION DES BREVETS D'INVENTION DÉLIVRÉS POUR LES ÉTABLISSEMENTS DE FINANCES.

—

L'ASSEMBLÉE NATIONALE, considérant que les brevets d'invention qui sont autorisés par la loi du 7 janvier 1791 ne peuvent être accordés qu'aux auteurs de toute découverte ou nouvelle invention, dans tous les genres d'industrie, seulement relatifs aux arts et métiers ; que les brevets d'invention qui pourraient être délivrés pour des établissements de finances, deviendraient dangereux, et qu'il est important de prendre des mesures pour arrêter l'effet de ceux qui ont été déjà délivrés, ou qui pourraient l'être par la suite ; décrète qu'il y a urgence.

L'Assemblée nationale, après avoir décrété l'urgence, décrète que le pouvoir exécutif ne pourra plus accorder de brevets d'invention aux établissements relatifs aux finances, et supprime l'effet de ceux qui auraient été accordés. — 51.

A Paris, le, etc.

ARRÊTÉ

DU 5 VENDÉMIAIRE AN IX (27 SEPTEMBRE 1800), RELATIF AU MODE DE DÉLIVRANCE DES BREVETS D'INVENTION.

—

ART. 1er. A compter de ce jour, le certificat de demande d'un brevet d'invention sera délivré par le ministre de l'intérieur, et les brevets seront ensuite délivrés, tous les trois mois, par le premier consul, et promulgués dans le *Bulletin des Lois.* — 12.

ART. 2. Pour prévenir l'abus que les brevetés peuvent faire de leurs titres, il sera inséré par annotation au bas de chaque expédition la déclaration suivante :

« Le gouvernement, en accordant un brevet d'in-
« vention sans examen préalable, n'entend garantir
« en aucune manière, ni la priorité, ni le mérite, ni
« le succès d'une invention. » — 54.

ART. 3. Le ministre de l'intérieur est chargé de l'exécution du présent arrêté, qui sera inséré au *Bulletin des Lois.*

Le premier consul ,

Signé , BONAPARTE.

DÉCRET IMPÉRIAL

DU 25 NOVÉMBRE 1806 ; QUI ABROGE UNE DISPOSITION DE LA LOI DU 25 MAI 1791 ; SUR LA PROPRIÉTÉ DES AUTEURS DE DÉCOUVERTES.

ART. 1er. La disposition de l'art. 14 du titre II de la loi du 25 mai 1791 , portant règlement sur la propriété des auteurs de découvertes en tout genres d'industrie , est abrogé en ce qui concerne la défense d'exploiter les brevets d'invention par actions.

Ceux qui voudraient exploiter leurs titres de cette manière seront tenus de se pourvoir de l'autorisation du gouvernement. — 126 à 134.

ART. 2. Notre ministre de l'intérieur est chargé de l'exécution de notre présent décret.

Signé NAPOLÉON.

DÉCRET IMPÉRIAL

DU 25 JANVIER 1807, QUI FIXE L'ÉPOQUE A LAQUELLE COMMENCENT A COURIR LES ANNÉES DE JOUISSANCE DES BREVETS D'INVENTION, DE PERFECTIONNEMENT, ET D'IMPORTATION.

—

ART. 1er. Les années de jouissance d'un brevet d'invention, de perfectionnement ou d'importation, commencent à courir de la date du certificat de demande délivré par notre ministre de l'intérieur. Ce certificat établit, en faveur du demandeur, une jouissance provisoire, qui devient définitive par l'expédition du décret qui doit suivre ce certificat. — 116, 117.

ART. 2. La priorité d'invention, dans le cas de contestation entre deux brevetés pour le même objet, est acquis à celui qui, le premier, a fait au secrétariat de la préfecture du département de son domicile, le dépôt des pièces exigées par l'art. 4 de la loi du 7 janvier 1791. — 67 à 70.

ART. 3. Notre ministre de l'intérieur est chargé de l'exécution du présent décret.

Signé NAPOLÉON.

DÉCRET IMPÉRIAL

DU 13 AOUT 1810, PORTANT QUE LA DURÉE DES BREVETS D'IMPORTATION SERA LA MÊME QUE CELLE DES BREVETS D'INVENTION ET DE PERFECTIONNEMENT.

—

Voulant mettre en harmonie les art. 3 et 9 de la loi du 7 janvier 1791, dont l'un décide que l'importateur en France d'une découverte étrangère jouira des mêmes avantages que s'il en était l'auteur; et l'autre, que la durée de cette jouissance ne pourra s'étendre au-delà du terme fixé dans l'étranger à l'exercice du droit du premier inventeur;

Notre conseil d'état entendu, nous avons décrété et décrétons ce qui suit:

La durée des brevets d'importation sera la même que celle des brevets d'invention et de perfectionnement. Tout particulier qui aura le premier apporté en France une découverte étrangère est, en conséquence, libre de prendre des brevets de cinq, de dix ou quinze ans, à son choix, en se conformant aux dispositions prescrites par les lois des 7 janvier et 25 mai 1791. — 112 à 116.

EXTRAIT

DE LA LOI DU 25 MAI 1838.

—

ART. 20. Les actions concernant les brevets d'invention seront portées, s'il s'agit de nullité ou de déchéance des brevets, devant les tribunaux civils de première instance ; s'il s'agit de contrefaçon, devant les tribunaux correctionnels. — 161 à 173.

MODÈLE D'UNE CESSION DE BREVET.

—

Par devant moi   , notaire royal et
public en la ville de   , en présence des
témoins ci-après dénommés, domiciliés et qualifiés
           , est comparu M. L. N... , mécanicien ,
demeurant à

Lequel a, par ces présentes , cédé et transporté ,
sans autre garantie que celle de ses faits et promesses,
A. M. A. P. ., négociant, demeurant à
présent et acceptant, tous les droits résultant du brevet
d'invention (*d'importation* ou *de perfectionnement*)
accordé par le gouvernement français au sieur L. N...,
suivant certificat de demande en date du
      , confirmé par ordonnance royale en date du
           , publiée dans le *Bulletin des Lois* , n°
Pour par le dit sieur P..., cessionnaire, ses héritiers
et ayant-cause, jouir, faire et disposer du privilége
en provenant comme de chose à lui appartenant en
toute propriété, à compter de ce jour, et aussi pendant tout le temps de sa durée légale, conformément
à l'art. 15 du titre II de la loi du 25 mai 1791 , et de
toutes autres dispositions des lois, décrets et ordonnances en matière de brevets d'invention, d'importation et de perfectionnement.
A l'effet de quoi le sieur N... , sans autre garantie
que celle ci-dessus exprimée, a mis et subrogé le dit

sieur P..... dans tous ses droits, noms, raisons et actions à cet égard.

Le présent transport est ainsi fait, moyennant la somme de mille francs, que le sieur N... reconnaît avoir présentement et réellement reçue, et dont il donne quittance.

Et en outre, à la charge par le sieur P..., cessionnaire, qui s'y oblige, de jouir du brevet présentement cédé, de manière que le cédant ne soit jamais recherché ni inquiété en aucune manière, de payer les droits du transport du brevet, l'enregistrement et autres déboursés et honoraires auxquels ces présentes donneront lieu, et enfin d'exécuter toutes les conditions imposées en France aux porteurs de brevets par les lois spéciales.

Déclarant les parties qu'elles se connaissent respectivement comme elles sont connues du notaire soussigné.

Fait et passé en l'étude, le   en présence de M. R. S..., négociant, demeurant à
et M. R. T..., aussi négociant, demeurant à
le
et ont, MM. N... et P..., signé avec les témoins et le notaire, après lecture faite.

FIN DE L'APPENDICE.

TABLE DES MATIÈRES.

LÉGISLATION FRANÇAISE.

CHAPITRE VI.

ERRATUM.

Page 45, SECTION X, brevets d'invention et de perfectionnement ; *lisez*, brevets d'importation et de perfectionnement.